El Don
de la Estrella

OG MANDINO Y BUDDY KAYE

El Don de la Estrella

EDITORIAL DIANA
MEXICO

1ª Edición, Octubre de 1978
28ª Impresión, Agosto de 1997

Diseño de portada: Juan Flores

ISBN   968-13-0101-3

Título original: THE GIFT OF ACABAR — Traducción: Francisco J. Perea
— DERECHOS RESERVADOS © —Copyright © 1978, by Og Mandino
and Buddy Kaye — Edición autorizada por Bantam Books, Inc., New York,
N.Y., U.S.A. — Copyright © 1991, por EDITORIAL DIANA, S.A. DE
C.V. — Roberto Gayol 1219 México, D.F., C.P. 03100

IMPRESO EN MÉXICO — PRINTED IN MEXICO

LA VIDA DE CADA HOMBRE ES UN CUENTO
DE HADAS ESCRITO POR LA MANO DE DIOS.

Hans Christian Andersen

1

Los iracundos vientos del invierno llegaron prematuramente a las desoladas extensiones del reno, al norte del Círculo Polar Ártico. Por encima de sus estridentes ráfagas pudo escucharse el eco del aullido quejumbroso de un lobo solitario, en medio de las densas nieblas . . . y aquel temible ruido, heraldo del peligro, penetró las paredes de todos los hogares y cabañas en la remota ciudad lapona de Kalvala.

Tulo Mattis dejó caer su lápiz e hizo a un lado el gran libro con cubierta de piel verde. Contuvo la respiración y escuchó. El lobo aulló de nuevo, hasta que se oyó un solo estallido: era el disparo de un rifle, a través de la tundra helada.

Con un suspiro de alivio, Tulo se levantó de la mesa y avanzó cojeando con esfuerzo hacia la pequeña recámara de su hermana. Al pasar, se detuvo para acariciar la gruesa piel gris de Nikku, su perro de Pomerania que dormitaba indolente.

—Perro —le dijo—, estás volviéndote viejo y perezoso. Todavía recuerdo cuando el aullido de un lobo te habría hecho arañar la puerta hasta agujerearla.

Al acercarse a la cama de Jaana, la voz asustada de la niña salió de debajo de un cúmulo de frazadas.

—Tulo, ¿oíste al lobo?

—Sí. Estoy seguro de que tío Varno le disparó. Nada podrá jamás hacer daño a nuestro reno, mientras él esté haciendo guardia. Y nada podrá dañarte a ti tampoco . . . así que . . . a dormir, pequeñita.

El gran libro verde estaba todavía abierto cuando Tulo volvió a la mesa de la cocina. Se le acercó hasta ponerlo directamente bajo el foco sin pantalla, y leyó las palabras que había escrito para consignar su catorceavo cumpleaños . . .

12 de diciembre

El periodo de oscuridad ha caído ya sobre nosotros. Faltan dos meses para la salida del sol.

Pero aun cuando el sol de medianoche del verano estuviera brillando, y la brecina y la vara de oro cubrieran todavía nuestra pradera, este habría sido el cumpleaños más triste de mi vida. Lo que mi hermana y yo hemos perdido en los doce últimos meses, no puede recuperarse nunca.

He leído que uno puede siempre encontrar un germen de felicidad en toda adversidad, con tal que quiera buscarlo. Yo he buscado en vano, y lo único que mis esfuerzos han logrado es un dolor en el corazón, que no quiere abandonarme.

No debo perder la esperanza. Debo permanecer fuerte, por el bien de Jaana.

Tulo cerró el gran libro con mucha calma. Se enjugó los grandes ojos cafés, y se volvió hacia el retrato ovalado de su madre, en marco dorado, que siempre estaba sobre la mesa. Tomó en el hueco de las manos la venerada imagen... estaba seguro de que el susurro del viento volvería a traerle una vez más el sonido familiar de su cálida voz...

"Hijo mío, Dios debe tener planes especiales para ti. ¿De qué otra manera podría alguien explicar ese don tuyo de la palabra? Algún día nuestro pueblo entero honrará tu nombre, y las palabras que escribas se encuadernarán en piel, para que su verdad y hermosura sean perdurables e iluminen a todo el mundo como una estrella de esperanza".

Los sollozos hicieron estremecer el cuerpecito de Tulo. Se llevó la fotografía a los labios y besó el vidrio una y otra vez.

—¡Mamá... mamá... te extraño... te extraño... te extraño!

El arañar impaciente de Nikku sobre la puerta interrumpió el monólogo autocompasivo de Tulo. Por mera costumbre, se echó encima su capa de lana y la gorra de cuatro picos que Jaana le había tejido, y siguió al perro en su recorrido nocturno por la pradera.

La nieve había cesado, las nubes se habían disipado y el viento no era ya más que un suave murmullo. En lo alto, en lugar de su acostumbrado pigmento azul oscuro, con flecos de estrellas, el firmamento lucía como una manta ondulante hecha de retazos de colores fos-

11

forescentes. Brillantes llamaradas de intensidad solar se levantaban de repente, oleadas de resplandecientes centellas verdes caían como cascada sobre erupciones soberbias de alhucema y oro. El muchacho nunca había visto los resplandores nocturnos en un acto tan brillante. Aun la nieve bajo sus pies rielaba a la luz de una trémula aurora, transformando la pradera en un mágico lago tachonado de rubíes y esmeraldas, ópalos y diamantes.

A Tulo lo había cautivado a tal punto aquella danza de luces, que olvidó sus tristezas. Olvidó incluso su rodilla herida, al ponerse a galopar y bailar a través de pequeños ventisqueros aislados, mientras reía y cantaba y recogía grandes puñados de blancos cristales que resplandecían como polvo de diamantes cuando los dejaba caer sobre Nikku. Por fin llegó al gran árbol. Allí se dejó caer. Su respiración era anhelante. Su animal, empapado de nieve, se agazapó junto a él, ladrándole con impaciencia, incitándolo al retozo una vez más. Pero Tulo se acostó boca arriba para contemplar las tambaleantes coronas de fuegos celestiales en su constante cambio de colores, por entre la espesa silueta de las ramas de los árboles.

El gran árbol había sido una piedra miliaria de la aldea durante tanto tiempo, que aun el más anciano no podía recordar cuándo había empezado esa tradición. Su robusto tronco se erguía hacia lo alto más de quince metros, en un territorio en el que la oscuridad y los interminables inviernos bajo cero, con sus cortos veranos, no dejaban crecer más que sauces enanos, retorcidos abedules, y abetos y pinos atrofiados. Las agujas del árbol eran largas y verdes y sus ramas se multiplicaban y crecían sin cesar, como si sus raíces estuvieran medrando en medio de una exuberante selva tropical. Algunos decían que lo había plantado, muchos siglos antes, Stallo, el gigante legendario del pueblo Sami. En un costado del tronco cerca del suelo, la creencia de la gente de que el contacto con su madera traía buena suerte, había hecho que acabaran con la corteza a base de frotarla. Jaana lo llamaba su árbol de las estrellas, porque insistía con inocencia en afirmar que, al menos desde su altura poco ventajosa, ellas colgaban realmente como frutos de la maciza enramada. Nadie se lo discutía.

Por encima de todo, el árbol de las estrellas se había convertido en un símbolo de esperanza, tanto para los jóvenes como para los ancianos de Kalvala, en un ejemplo vivo de que no solo era posible sobrevivir, sino incluso crecer y alcanzar buena estatura aun en medio de las peores condiciones.

De pronto Tulo se sentó, recargándose sobre la áspera corteza. Un extraño pensamiento había pasado por su mente, mientras las luces del Septentrión continuaban sus evoluciones formando dibujos irisados a través de la bóveda del firmamento.

—Anciano perro, ¿crees que aquellos sabios antepasados nuestros, aquellos venerables maestros que en otra época protegían a nuestro pueblo con sus tambores y palabras mágicas, crees que decían la verdad cuando afirmaban que si uno silbaba a las luces del Norte podía invocar a los muertos?

Nikku ladró, demostrando que estaba listo para seguir jugando con su joven amo.

—Me lo pregunto . . . Me lo pregunto.

Con mucha suavidad, Tulo empezó a silbar la tonada de una canción de cuna que su madre solía cantar a Jaana cuando aún yacía en su cuna de madera. Juntó las pequeñas manos en forma de cuerno y lanzó agudas notas hacia lo alto, en dirección del gallardete más brillante de vivos colores.

Luego cerró los ojos . . . y mientras la melancólica tonada de la canción de cuna seguía flotando hacia el firmamento, a través de las vibrantes agujas del pino, los pensamientos de Tulo retrocedieron en el tiempo hasta los sucesos de su corto pasado que ya habían dado alguna forma a su vida y que en un futuro acabarían por sellar su destino en una forma que él no podía prever al estar sentado bajo el árbol de las estrellas . . . silbando en la dirección del cielo . . .

2

Pedar Mattis talló en madera un pequeño par de esquís para su hijo, tan pronto como el pequeño pudo dar los primeros pasos vacilantes. Lo mismo que todos los niños lapones, Tulo logró dominar en poco tiempo los pequeños patines de madera, y antes de cumplir los tres años ya podía recorrer todo el camino de ida y vuelta hasta la tienda de la aldea, del señor LaVeeg, sin ayuda de nadie.

Al cumplir cinco años, Tulo ya podía manejar el lazo con suficiente destreza para sujetar a cualquier reno rebelde. Pedar le enseñó también a pescar a través del hielo, a utilizar y cuidar su cuchillo, a curar la piel del reno, a masticar la fibra para hacer cordel y a armar su tienda de verano. Después, Pedar le enseñó el arte de controlar un trineo de fondo plano, y las técnicas para perseguir a su odiado enemigo, el lobo. Incluso lo entrenó para que supiera usar su bastón de esquiar como arma para defenderse a sí mismo y a sus renos de cualquier atacante.

17

Para Pedar e Inga Mattis, que conservaban con orgullo las costumbres del pueblo Sami, conocido en el mundo como los lapones, el reno era el elemento más importante para vivir. A pesar de ser un animal que de pie no medía más de un metro veinte, y de no pesar más de unos ciento treinta kilos al alcanzar su máximo desarrollo, esa asombrosa pero tímida criatura podía soportar un clima que habría matado a cualquier otro animal doméstico. El rebaño de los Mattis, que sumaba casi doscientos animales, les proporcionaba leche, carne, ropa y hasta dinero cuando vendían algunos en la feria anual de otoño. Jamás se desperdiciaba nada del animal. Su lengua se aprovechaba para estofado, la sangre se secaba para darla a los perros, el tuétano de sus huesos era manjar exquisito para los niños en el periodo de la dentición, y sus cuernos se tallaban para hacer mangos de cuchillo y objetos de arte.

Los años pasaron rápidamente y la fortuna de la familia Mattis era sumamente buena. Cada verano emigraban con sus animales a las verdes y abundantes laderas situadas a varios días de camino de Kalvala, y mientras ellos acampaban sobre la pendiente montañosa, al calor del sol de medianoche, su ganado daba a luz numerosos terneros. Tanto el rebaño como los recuerdos felices se multiplicaban con el paso de las estaciones.

Sin embargo, lo que Tulo rememoraba con mayor fruición no eran esos días y noches bañados de sol, sobre las montañas, sino los oscuros días y noches del invierno, cuando el sol desaparecía más de dos meses, y padre e hijo cuidaban de sus renos en las colinas ondulantes llamadas dunas, cerca de su cabaña de aldea en Kalvala.

Acurrucados muy dentro de la nieve para huir de los vientos feroces y de los fríos glaciales, padre e hijo se sentaban junto a una pequeña hoguera, donde se preparaban el sabroso café. Allí Pedar veía con regocijo nada disimulado cómo el joven trataba de imitarlo sujetando entre los dientes un cubo de azúcar, mientras bebía el hirviente líquido. Como todas las demás cosas que Tulo se proponía, bien pronto llegó a dominar esta difícil costumbre sami.

Una noche tranquila, mientras los renos merodeaban sin cesar y hurgaban entre la nieve, en busca de su liquen predilecto, Tulo se tendió junto a su padre, apoyando la cabeza en el muslo de él. Después de observar fijamente el cielo durante un rato, preguntó:

—Papá, ¿cuántas estrellas hay?

—No sé, hijo. Supongo que son millones.

—¿Están muy lejos?

—Están tan lejos, que si el buitre más veloz volara hacia una de ellas desde aquí, no lograría llegar en toda la vida.

—¿De qué tamaño son las estrellas?

—Tu abuelo, que era un hombre muy sabio, me dijo una vez que aunque nuestro sol es más de cien veces mayor que la Tierra, todavía se le considera una estrella pequeña, comparada con algunas de las que ves allá arriba.

—Papá, ¿por qué nuestro sol se retira y nos deja a oscuras durante tantas semanas cada invierno, y luego vuelve a brillar en nuestra tierra de día y de noche en el verano?

Pedar sacudió la cabeza derrotado.

—Tulo, debes recordar que cuando yo tenía tu edad, no había escuelas. No estoy seguro de la respuesta que debo darte, pero creo que tiene algo que ver con la forma en que nuestro planeta se inclina hacia el Sol y luego se aleja de él en diferentes épocas del año, y con el hecho de que nosotros estamos situados casi en la cima del globo.

Pedar extendió el brazo y pasó con ternura los dedos por la cara del niño.

—Tu mamá dice que los meses de oscuridad y frío son un precio mínimo que pagamos por vivir sobre el techo del mundo, tan cerca de Dios.

—Sí. Eso ya lo sé... Papá, ¿qué nos sucedería si un invierno el sol se fuera, y no regresara durante la primavera?

Pedar llenó su pipa con toda calma y desperdició varios fósforos antes de lograr encenderla. Después de lanzar una larga espiral de humo agrio, respondió:

—Temo que si el sol no volviera, pereceríamos muy pronto.

—¿Por qué?

—Porque ninguna planta podría crecer en la oscuridad, y sin plantas, sauces y musgo, nuestros renos morirían de hambre. Sin ellos, no tendríamos comida, ni vestido, ni dinero. La vida aquí sería imposible para una familia que vive del reno.

Tulo meditó las palabras de su padre y luego interrogó:

—Si Dios quisiera, ¿podría evitar que el sol volviera a brillar para nosotros en primavera?

—Para Dios todo es posible, hijo mío.

Después de otra breve pausa, el chico insistió:

—Papá, acabo de ver a una estrella volar por el firmamento y luego desaparecer. ¿Son estrellas muy pequeñas las que hacen eso?

—Sí, creo que sí.

—Si son pequeñas, ¿aterrizan alguna vez aquí, de modo que podamos verlas y tal vez hasta tocarlas?

Pedar suspiró.

—No sé, Tulo.

—Papá, yo quisiera saber más acerca de las estrellas... el Sol... Dios... todas las cosas.

La mañana siguiente, después que su hijo se fue a la cama, Pedar se apoyó en la mesa y tomó las dos manos de su mujer. Sorprendida por el inusitado silencio de su esposo durante el desayuno, Inga ladeó la cabeza y esperó.

—Inga, no sé si es porque su mente es tan brillante, o porque yo soy tan tonto... el hecho es que Tulo me hace preguntas que soy incapaz de contestar. Sé que según los planes, él no debe entrar a la escuela antes del próximo año, pero creo que no conviene esperar. Vamos a inscribirlo ahora mismo.

21

—Si así lo deseas, Pedar. Pero ustedes dos han estado muy unidos. La separación no será fácil para él ni para ti.

—Lo que es preciso hacer hay que hacerlo. Aquí nuestro mundo está cambiando. Nuestras tierras de pastoreo van reduciéndose más y más, y nuestra gente no puede avanzar más hacia el norte, porque nos encontraríamos en aguas heladas. Los turistas empiezan a venir con la nueva carretera. Las fábricas, los mineros y las plantas de energía ya están cerca. Ahora utilizamos electricidad en vez de aceite para nuestras lámparas, y los aviones vuelan sobre nuestros rebaños. Ayer oí hablar de una cosa que llaman trineo motorizado, capaz de viajar sobre la nieve con más rapidez que cualquier reno o cualquier hombre con esquís. A Tulo hay que instruirlo cuanto antes, para que pueda hacer frente a un nuevo género de vida que no podrá evitar.

—¿Y tú?

—Yo ya no puedo cambiar. Seré hombre de renos hasta que muera.

—Pero no un solitario . . .

—¿Qué quieres decir?

Inga se levantó de la mesa y empezó a apilar los platos. Luego se inclinó sobre su ceñudo esposo, le tomó la nariz entre el pulgar y el índice y la apretó con suavidad.

—Lo que quiero decir, señor profesor, es que pronto tendrá otro alumno que ande detrás de usted mientras Tulo está en la escuela.

3

Arrol Nobis, el joven maestro de escuela de Kalvala, medía casi treinta centímetros más que la mayoría de los lapones, que rara vez pasan de un metro y medio de estatura. Estiró su alta y esbelta estructura delante del fuego de la chimenea, mientras Pedar e Inga mantenían un respetuoso silencio.

—He venido a hablarles de Tulo.

Pedar se sacó la pipa de la boca y la sostuvo en alto.

—¿Ha estado causando problemas?

—Oh, no. Es un chico bien educado y cortés, y no hay ningún problema en cuanto a disciplina. Es su mente la que...

—¿Su mente? —interrumpió Pedar—. ¿Qué hay de malo en su mente?

—No hay nada malo, Pedar. En la universidad nos enseñaron a no desesperar nunca de un estudiante, mientras tuviera siquiera una idea clara. ¡Tulo las tiene a calderadas! Yo nunca había tenido un estudiante que superara a sus condiscípulos tanto como este hijo de ustedes. A Tulo ... le basta con leer la lección una sola vez ... ¡Y las preguntas que hace! Siempre está buscando una explicación para todo. Por qué, por qué ... ¡es su expresión favorita! Ya devoró todos los libros de nuestra pequeña biblioteca. Ahora está leyéndolos por segunda vez. ¡La Biblia la ha leído ya tres veces! Nunca he conocido un muchacho como su hijo.

Pedar dirigió una mirada a Inga y asintió con la cabeza, satisfecho de que la opinión del maestro confirmara su juicio personal sobre la inscripción prematura del hijo.

Mientras tanto, Arrol ya se había levantado e iba y venía agitando los brazos.

—Y eso no es todo. Como Tulo ya está adelantado en cuanto a leer y escribir el sami, ahora quiere que le enseñe sueco y finlandés. Pedar, esas disciplinas ya no son parte del curso optativo de un estudiante, mientras no llegue a los diez años. Pero Tulo me dice, y lamentablemente tiene razón, que no encuentra suficientes libros impresos en sami para aprender todas las cosas que quiere saber. ¡Es lo que les digo ... Tulo es tan ... tan diferente! La mayoría de los niños asisten a la escuela porque tienen que hacerlo. Preferirían mil veces andar esquiando, pescando o cazando. ¡Tulo no! Y sus cuentos y poemas ...

Inga rompió su silencio.

—¿Cuentos y poemas?

—Su hijo está escribiendo poemas y cuentos superiores a todo lo que hasta ahora se ha hecho en mi escuela.

Tiene una mente capaz de crear una fantasía a partir del hecho más sencillo de la naturaleza. Sus composiciones, además hechas con mucha belleza, hacen que nuestras leyendas y cuentos populares parezcan insípidos. Si continúa por ese camino, un día será un gran escritor... una rareza en medio de nuestro pueblo.

Pedar, que ya no se sentía tan satisfecho, sacudió la cabeza desconcertado.

—¿Y qué debemos hacer, Arrol?

—No hay más que una cosa que hacer, amigos: regar la planta. Fertilizarla. Protegerla, amarla y ayudarla todo lo que puedan, para que logre crecer en toda su plenitud.

—Pero, ¿cómo? Usted nos conoce. Tanto Inga como yo no tenemos más que un pequeño rebaño y muy poca instrucción.

—¡Libros, Pedar, libros! Los grandes talentos necesitan libros en que alimentarse, tanto como el reno necesita el musgo para sobrevivir en nuestros inviernos. Déle libros... más libros. Si quiere, yo revisaré los catálogos que nuestra escuela recibe de los editores de Rovaniemi y Helsinki. Haré una lista de los que yo recomendaría, y si está dispuesta a comprárselos a Tulo, los mandaré a pedir. Así él podrá leer y aprender al ritmo de su propia mente. Es algo muy especial, este hijo de ustedes. Oh, oh... casi se me olvidaba. Hay una cosa más...

—¿Más? —preguntó Pedar, riendo con nerviosismo—. Acaba de decirnos que nuestro hijo es un niño prodigio, ¿y todavía hay más?

27

Arrol sonrió por primera vez y palmeó el hombro de su amigo en actitud comprensiva.

—Pedar, ¿alguna vez ha volado usted cometas?

—¿Cometas? ¿Cometas? ¿Qué tiempo tengo yo de volar cometas? ¡Ni siquiera he visto una en mi vida!

—Bueno, amigo mío . . muy pronto las verá a montones.

Pedar se dirigió a Inga y señaló el fuego.

—Creo que nuestro maestro necesita otra taza de café caliente que le ayude a volver en sí. Temo que el esfuerzo de gobernar a cuarenta muchachos ha acabado por afectar su inteligencia, y todavía le faltan dos meses para las vacaciones.

—Pedar, escúcheme. Tulo encontró un viejo libro, traducido del inglés por un misionero del siglo XVII, que hablaba de la historia de las cometas y de la forma de construirlas y hacerlas volar. La idea de volar una cometa propia se ha posesionado del chico. Ahora mismo, mientras estoy hablando con ustedes, Tulo está de nuevo en la escuela construyendo una cometa, según las instrucciones del libro. Entre otras cosas, se ha vuelto un experto en cometas. Puede decirles todo lo relacionado con las primeras cometas que se hicieron volar en China, explicarles cómo las cometas gigantes del Japón pueden levantarse del suelo, a pesar de que muchas pesan más de una tonelada. Sabe todo lo relacionado a la cometa lanzada al aire por el norteamericano Benjamín Franklin, cuando hizo su experimento con el relámpago. ¡Cometas, Pedar, cometas!

—¿Está usted diciéndonos que hemos dado a luz un hijo que quiere escribir cuentos y poemas y volar cometas en vez de pastorear renos?

—¡Sí!

El joven padre se levantó, vació la pipa en el fuego, golpeándola ruidosamente contra los ladrillos de la chimenea y se quedó mirando los troncos que se consumían, mientras Inga y Arrol lo observaban en silencio. Al fin se encogió de hombros y dijo:

—Muy bien. Vamos a regar esta planta sorprendente que ha surgido en nuestro pobre jardín. Arrol, por favor pida lo que usted crea que Tulo debe leer. Yo se lo pagaré con mucho gusto.

—Gracias, Pedar.

—No, no, mi querido amigo. Somos Inga y yo los que le damos las gracias de todo corazón, por el interés lleno de afecto que usted ha puesto en nuestro hijo. Somos muy afortunados en tenerlo aquí con nosotros.

—Pedar, la oportunidad de trabajar con un chico especialmente talentoso y el desafío que eso significa rara vez se presentan en la vida de un maestro. Dios nos ha confiado a ese muchachito para algo que desconocemos. No debemos fallarles, ni a Tulo... ni a Dios.

Todavía mucho después que el maestro se había retirado, la joven pareja seguía reflexionando sobre el sentido de sus palabras de despedida.

Cuando volvió la primavera y el reno emigró hacia el norte, Inga iba, una vez más, en el trineo delantero, mientras su esposo esquiaba adelante y su niña, todavía un bebé, iba acurrucada, bien protegida en su regazo.

Detrás de la madre, avanzaba el trineo de Tulo, lleno de cajas de libros. Durante todo el verano, mientras sus deberes lo permitían, el muchacho leía, estudiaba y escribía... Y cuando no tenía la nariz hundida entre las páginas de un libro o las hojas de un cuaderno, podía encontrársele en alguna de las pendientes rocosas, sujeto con fuerza a una gruesa rama de sauce envuelta en un cordel.

El cordel entonaba su canto al ser agitado por el viento, mientras subía y subía... Atada a su extremo volaba una pequeña cometa roja. Cuando Tulo la contemplaba retorciéndose y meciéndose bajo las llamaradas del Sol, no tenía más que transformar aquel diamante escarlata ascendente en un dragón bélico o en una mariposa gigante... o incluso en un voluptuoso cisne...

¡Mientras no acabara por ser presa de una traidora ráfaga descendente, que lo hacía precipitarse hacia abajo, como se lanza un buitre al ataque, y terminara estrellándose contra el suelo!

Con un grito de angustia, el orgulloso fabricante corría siempre a través de los campos a rescatar su ángel caído, lo estrechaba contra su delgado pecho y le susurraba palabras reconfortantes. Luego lo llevaba con cariño a la tienda familiar, para curar sus heridas.

¡Mañana volvería a volar!

4

Los cuatro años siguientes trascurrieron rápida y alegremente. El punto culminante de cada uno había sido siempre la feria, en la que participaban los Oords y todas las demás familias dedicadas a la cría del reno.

El último año, mientras el primer grupo de renos amedrentados se encaminaba hacia el corral central, Inga se acercó un poco más a su esposo, con un aire de preocupación. Le tiró del manto y le habló al oído en un tono tan bajo, que Tulo, a unos cuantos pasos no podía oírla:

—¿Estará listo para esto?

Pedar se volvió a mirar a Tulo, que hacía ejercicios con su mangana, y asintió con seguridad:

—Tiene ya doce años. Yo era más joven cuando pude habérmelas con mi primer rodeo.

—Sí, pero los renos eran toda tu vida cuando eras niño. Nuestro hijo ha pasado mucho más tiempo con sus libros y sus escritos que con los animales.

—Es cierto . . . y puede manejar mucho mejor el cordel de la cometa, que el lazo. Sin embargo, no tengo valor para rechazar su ayuda. Se sentiría desolado si lo hiciéramos parecer menos que los demás chicos que están trabajando con sus padres.

—¿Has oído cómo le dicen?

—No.

—¡Niño cometa! Así llaman a nuestro hijo: ¡niño cometa! Incluso Erkki, el hijo mayor de Varno, le preguntó si no traía una estela en su lazo, y los dos muchachos de Raimo comentaban si Tulo pensaría en sujetar algún reno con un marcador de libro en vez de usar la cuerda. No me gusta esto, Pedar.

—¿Y qué dijo Tulo?

—Nada. Se limitó a sonreír y a alejarse.

Pedar apretó las mandíbulas.

—Muy bien. Les haremos una demostración. ¿Estás lista? Veo algunos de nuestros animales en este grupo.

Durante los días de esparcimiento del verano, los renos se habían paseado a gusto sobre las pendientes, pastando y mezclándose libremente con sus congéneres de otros rebaños de la aldea. Pero ahora, después de la redada de todo el ganado por las pendientes, cada familia tenía que separar los propios de los demás, antes de emprender el largo recorrido de regreso a Kalvala, para el invierno. Inga avanzó de prisa hacia el pequeño corral que se les había asignado y esperó.

Pedar y Tulo treparon a la tosca cerca, y de un brinco cayeron en el polvoriento piso del corral principal. De pie junto a los tablones, observaron y esperaron, mientras los animales amedrentados pasaban con estruendo. Su cornamenta se agitaba sin freno en todas direcciones y sus agudas pezuñas escarbaban el suelo arrojando muy alto arena y piedrecillas. De pronto, Pedar gritó:

—¡Allí va uno de los nuestros... atrápalo, hijo!

Tulo descubrió el distintivo familiar en la oreja del gran animal. Con toda calma hizo girar su lazo sobre la cabeza de este cuando lo vio acercarse bufando. Una ágil sacudida de la muñeca y el lazo salió silbando por el aire, para caer con suavidad sobre la cabeza oscilante. El reno dio un tirón y se sacudió con violencia. Casi levantó a Tulo del suelo antes de darse por vencido y empezar a caminar con docilidad hacia su aprehensor, que con gran júbilo empezaba a enrollar su cuerda. Pedar palmeó con orgullo el hombro de su hijo. Este aceptó el cumplido con un guiño y condujo a su presa hacia el corral familiar. Al verlo venir, Inga quitó el seguro de la puerta y le dejó el paso libre.

—¡Fue perfecto, hijo! —lo felicitó, gritando.

—Gracias, mamá. Volveré con muchos más.

La separación de los animales prosiguió durante todo el día. Padre e hijo trabajaron sin cesar, interrumpiendo solo unos minutos para comer. Siempre que ataban a uno de sus animales hembras, el ternerito la seguía. Pedar lo sujetaba con suavidad, mientras Tulo ponía la marca en la oreja izquierda del espantadizo animal. Después acariciaba al pequeño, de piernas largas, antes de llevarlo también al corral.

El último grupo de animales se recogió en el gran ruedo, precisamente cuando el sol empezaba a ponerse. El humo de las numerosas fogatas familiares se mezcló con la arena que salía de los corrales y empezó a levantarse en densas nubes ondulantes por encima de la ronca gritería de hombres y animales, mientras los lazos seguían atravesándose entre el ganado, procedentes de todos lados. Los ganaderos, ya cansados tenían prisa de apoderarse del resto de sus animales, antes que la oscuridad los cubriera por completo.

Pedar, agotado por la fatiga del día, hizo una seña a su hijo:

—Allí está nuestro monstruo con el cuerno roto. ¡Yo me encargo de él!

—Por favor, papá —suplicó Tulo—, déjamelo a mí. Todo el día has estado encomendándome los fáciles para lazarlos. ¡Fíjate en mí! ¡Voy a demostrarte lo que puedo! Soy tan capaz como cualquiera otro de los chicos. ¡Mira!

Pedar retrocedió de mala gana, pero con una sonrisa de admiración que le hinchaba las mejillas, asintió. Su joven hijo aferró la cuerda y esperó. Tulo no tardó en localizar de nuevo la averiada cornamenta a través del polvo. Con la cabeza vacilante y los ojos saltones, el voluminoso animal avanzaba hacia la cerca. Tulo retrocedió con calma, como el mejor de los matadores, lanzó la cuerda hacia lo alto y la vio caer con suavidad sobre la cabeza del animal que no dejaba de bufar. Pero en el momento preciso en que Tulo tiraba del lazo, un

36

ternerito aterrorizado que balaba buscando a su madre perdida entre el rebaño, pasó por en medio de las piernas del muchacho. Perdido el equilibrio, Tulo ya no pudo mantenerse en pie, debido a un tirón de la cuerda sujeta a su muñeca izquierda. La bestia ya lazada se sacudió y reparó, arrastrando al muchacho por la áspera superficie, hasta la ruta por la que se precipitaba el ganado.

Tulo alcanzó a oír el grito de angustia de su padre. Luego sintió dolores agudos en los brazos, cuando la grava del piso empezó a desgarrarle la camisa de lana. Su débil complexión lo hizo tambalearse y sacudirse en todas direcciones, mientras el animal desesperado seguía agitando la cabeza con furor, para librarse de la cuerda.

Pedar ya se había precipitado hacia su hijo, cuando vio la cuerda romperse. Brincó repentinamente hacia adelante, para caer sobre la espalda sangrante de Tulo, cubriendo con su humanidad el cuerpecito del chico. Montones de pezuñas duras como rocas pasaron en el acto por encima de ambos.

La mañana siguiente, el tío Varno llevó el cuerpo maltratado de Tulo a su trineo, procurando que la pierna derecha del chico con su entablillado de madera quedara acojinada entre un bulto de cubiertas de cama. Entregó la rienda suelta de cuero a Tulo y todo el resto del enjaezamiento lo llevó hasta el trineo posterior, donde se sentaba Inga, con la cabeza inclinada y Jaana delante de ella. Por último Varno sujetó las riendas a los dos últimos trineos y golpeó con suavidad al reno principal.

Tulo se sentó sin moverse. La correa del freno estaba sujeta sin esfuerzo a su mano derecha. Las lágrimas le rodaron por las mejillas, pero él no les hizo caso. Se dio vuelta en el trineo hasta donde su pierna entablillada lo permitía e hizo un guiño afirmativo a su madre, que respondió también con la mirada. Jaana agitó con emoción una manita y llamó a Tulo por su nombre. En su infantil inocencia no se daba cuenta de que detrás de ella, en un tercer trineo, iba cuidadosamente envuelto el cuerpo de su padre que viajaba a Kalvala para recibir sepultura.

5

Cuando Tulo abrió los ojos pudo ver a su madre que con ternura le ponía aceite en la pierna, aunque no podía sentir sus manos. Por tener la cabeza baja, Inga no se dio cuenta de que su hijo estaba despierto, mientras ella le frotaba la pálida rodilla. Era un tratamiento que había estado repitiéndose dos veces al día desde que el doctor Malni, de la clínica, le había quitado el entablillado, justamente antes de Navidad.

Con su voz suave, Inga hablaba en voz alta:

—Dios mío, él es tan pequeño y Tú tan grande. Él tan frágil y Tú tan poderoso. No lo abandones ahora, Señor. Que vuelva caminar . . . por favor.

Tulo sintió que algo fresco le tocaba la rodilla . . . y luego otra vez . . . y una vez más. Su madre lloraba y las lágrimas caían sobre la pierna retorcida del chico, como gotas de un bloque de hielo que se derrite en primavera.

—¡Mamá, puedo sentirte! ¡Siento tus lágrimas! ¡Ahora siento tu mano! ¡Por favor, no llores!

El cuenco con aceite salpicó el piso. Inga se cubrió las pálidas mejillas con las manos y gritó:

—¡Tulo, Tulo! ¿De veras? ¡Dios bendito!

—¡Sí! Y mira: puedo mover un poco los dedos de los pies.

Inga se arrodilló y besó la rodilla herida.

—Pronto estarás caminando y corriendo tan bien como siempre. ¡Te lo dije! ¡Te lo dije!

Más tarde, cuando le llevó de comer, había una extraña expresión en la cara del chico. Después de colocarle la fuente sobre las piernas, le preguntó:

—¿Qué sucede, hijo?

—Mamá, cuando pides ayuda a Dios, ¿crees que te oye?

—Por supuesto. Él oye a todos, ya hablen en voz alta o con el corazón.

—¿Te ha contestado alguna vez?

—Siempre. Mira lo que ha sucedido hoy aquí.

—¿Él *siempre* hace lo que le pides?

—¡Oh . . . no!

Tulo se sentía confundido.

—Entonces, no siempre te contesta . . .

Inga sonrió y sus ojos se abrieron más aún.

—Siempre recibo una respuesta . . . pero como los planes de Dios no son reconocidos para ninguno de nosotros, a veces su respuesta es "no".

En los días de prueba que siguieron, Tulo trató de caminar, apoyando la pierna herida, pero cada vez que esta se doblaba, Tulo se dejaba caer sobre la cama desanimado. Sin embargo, Inga no le permitía estar compadeciéndose. Le aseguraba que si persistía lograría hacerlo. Mañana sería mejor. Dios, que estaba muy ocupado, no tardaría en oír sus plegarias. Lo único que tenían que hacer era esperar ... seguir intentándolo ... y creer.

Mientras esperaba, Tulo tuvo cuatro visitas. La primera fue del Pastor Bjork, un hombre regordete, de pelo cano y anteojos de armazón dorada, que había presidido la ceremonia del matrimonio de Inga y Pedar, hacía quince años. La pequeña iglesia de Erno Bjork estaba siempre necesitada de reparaciones materiales, pero él afirmaba que las pequeñas cantidades de dinero que recibía de sus parroquianos estaban mejor empleadas cuando ayudaba a los necesitados, que cuando compraba cosas tan sin importancia como pintura o clavos. Una vez dijo en un sermón que siempre que se veía una iglesia grande y fastuosa, uno podía estar seguro de que era un monumento a la vanidad del pastor, más que un altar para Dios.

El Pastor Bjork le llevó a Tulo un libro: "La historia del pueblo Sami". Tulo lo leyó en tres días, sorprendido y fascinado al saber que más de dieciocho siglos antes, el historiador romano Tácito había escrito sobre las tribus bárbaras de los Fennis, los antepasados de su familia, y que Ottar, un explorador noruego, había llamado en 892 al pueblo Sami "cazadores que también crían renos".

Por vez primera desde el accidente, Tulo quiso escribir. Incluso inició un poema sobre el soberbio patrimonio del pueblo Sami. El regalo sabiamente escogido por el Pastor Bjork había sido mucho más benéfico que las frases comunes que pudiera haberle dicho.

Los dos visitantes siguientes fueron el tío Varno y su hijo Erkki. Aunque Inga recibía la visita de su cuñado casi todos los días, para ofrecer ayuda en cualquier forma posible, aquel era el primer encuentro de Erkki y Tulo, desde que el primero lo había embromado en el corral, por no traer una estela de cometa en la punta de su lazada.

Varno e Inga observaban con ansiedad, desde la puerta de la recámara, al apenado Erkki acercarse a la cama de Tulo y musitar:

—Espero que pronto estés caminando, primo Tulo.

Mientras lo decía, dejaba caer con cierta torpeza, junto a la rodilla herida del menor, un paquete envuelto en papel café. Luego dio unos pasos atrás. Tulo desgarró con impaciencia la envoltura y puso al descubierto un gran libro verde encuadernado en piel.

—Es un diario —explicó Erkki—. En él puedes escribir lo que te acontece cada día. Tiene más de mil páginas si las cuentas por los dos lados.

Tulo hojeó el libro y pudo ver sus hojas rayadas. Dio las gracias a Erkki, y no quiso herir los sentimientos del tío Varno explicándoles que no era un diario, sino una especie de libro mayor de contabilidad. Cuando ya se habían marchado, el chico dijo a Inga en qué consistía el regalo, y por vez primera desde que habían vuelto a Kalvala, pudo oírse el sonido alegre de la risa en casa de los Mattis. Inga tuvo que sujetarse el estómago para poder reír a carcajadas cuando Tulo observó en tono serio:

—Mamá, con todo nuestro dinero, este libro llega en el momento oportuno.

A medida que la primavera se acercaba de nuevo, el sentimiento de frustración de Tulo crecía. A pesar de sus tenaces esfuerzos y de los estímulos maternos, no podía mantenerse en pie y caminar siquiera un paso sin caer. Y, sin embargo, rechazaba con obstinación los servicios de un viejo bastón, que Inga había descubierto en la buhardilla. Decía que los bastones eran para los ancianos.

El cuarto visitante fue Arrol Nobis, el maestro de la escuela. Cuando Inga lo saludó, llevaba bajo el brazo un periódico. A diferencia de sus predecesores, no quiso entrar a la recámara del muchacho. Prefirió colocarse fuera, e hizo señas a la madre del joven inválido para que retirara la cortina que cubría el claro de la puerta, para que Tulo pudiera verlo.

—Tulo Mattis —anunció—, ¿sabes qué es esto?

—Es un periódico —fue la respuesta insegura que se oyó desde la recámara.

—¿Cómo se llama?

—Sabmelas.

—Exacto . . . y este es el último número. Tú ahora no puedes verlo desde allí, pero tiene un magnífico artículo en estas dos columnas, a la derecha de la plana principal.

Silencio.

—... lo escribió una persona muy talentosa.

Silencio.

—Tú, en especial, podrías apreciar su estilo de escritor y su forma de emplear las palabras. Es un artículo maravilloso sobre los amores del hombre con las cometas.

El maestro hizo una pausa y sonrió. Luego añadió:

—Me tomé la libertad de presentarte este trabajo sin permiso del autor.

Inga miró fijamente a Arrol. Al fin comprendió el propósito de sus palabras. Con ojos asombrados volteó la cabeza en el momento preciso en que Tulo salía de su recámara y avanzaba inseguro, con los brazos extendidos en busca de apoyo. Cuando ya estaba cerca, apoyó ambas manos sobre el pecho del maestro, para mantenerse en pie.

Mientras sostenía al chico con un brazo, Arrol Nobis hizo una galante inclinación hacia Inga y, haciendo un movimiento semicircular hacia Tulo añadió:

—Querida señora, tengo el gusto de presentarle a nuestro propio y verdadero Lázaro.

Esa noche, convencido de que en realidad le habían devuelto la vida, Tulo redactó su primera nota en el gran libro verde, que se convirtió en su fiel diario.

6

Recuerdos...

Son como estrellas, siempre con nosotros, día y noche, esperando con paciencia su próxima aparición.

Tulo había sido capaz de recordar, y con viveza, las tempranas piedras miliarias de su corta vida, mientras permanecía sentado bajo el árbol de las estrellas y silbaba sus melodías a las luces del Septentrión. Pero ni siquiera los poderes celestiales de ellas le habían valido, al tratar de recordar lo que había pasado después de aquel día, hacía casi un año, cuando había avanzado cojeando, vacilante, hasta Arrol Nobis, y había leído con orgullo su primera obra publicada. Su mente había levantado un muro oportuno, dejando fuera los sucesos dolorosos.

¡El gran libro verde! ¡Claro! Desde que su primo Erkki le había dado aquel respetable volumen encuadernado en piel, con sus páginas a media tinta y rayadas, sujetas por tres broches de acero, él había redactado sus notas todos los días, con la fidelidad de un tenedor de libros. ¡Allí estaba todo!

Tulo regresó de prisa a la cabaña. A partir de la primera página del gran libro, fue repasándolas y haciendo una pausa siempre que un nombre o una frase le llamaba la atención . . .

16 de marzo

Fue un día feliz. El doctor Malni vino a revisarme la rodilla y dijo a mi mamá que no creía que tuviera que vender nuestro rebaño para pagar a los especialistas del hospital de Inari. Él espera que pronto pueda caminar, cojeando ligeramente. Cuando se marchó, mamá se arrodilló a dar gracias a Dios. Yo también.

25 de marzo

Mi mamá me hizo una broma cuando me vio escribiendo en el gran libro, esta mañana. Dijo que cuando había vaticinado que un día mis palabras se encuadernarían en piel para que todo el mundo las compartiera, pensaba en algo más que un libro mayor de contador. Supongo que aun el señor Nobis está decepcionado de que mi artículo en el periódico no me haya servido de inspiración para escribir mucho más. Algún día, bien pronto, daré a los dos la gran sorpresa.

2 de abril

Mi mamá estuvo ausente otra vez durante muchas horas. Trae algo entre manos, porque cada vez que vuelve lleva consigo una caja cubierta que sube a la buhardilla, adonde por ahora nos tiene prohibido ir. Siempre que le pregunto qué está haciendo, se limita a sonreír y cambia de tema.

7 de abril

El señor Nobis me mandó un libro lleno de sabios refranes. En la página 9 encerró uno de ellos en un círculo rojo; es de Séneca. Dice así: "Nada hay en el mundo tan admirado como un hombre que sabe sobrellevar la desgracia con valor". Me gustaría poder hablar con Séneca, pero sé que murió hace mucho, mucho tiempo.

11 de abril

En la aldea se tuvieron hoy las carreras anuales de renos. Me alegro de que mi papá no haya estado aquí para verme hacer el tonto. Con Reino delante de mí, yo iba al frente en la primera carrera, hasta que llegamos a la señal de mitad del trayecto. Al darnos vuelta para recorrer la recta final, mi rodilla enferma cedió y Reino llegó a la meta sin mí. Todavía no se lo he dicho a mamá, pero ya guardé mis esquís.

14 de abril

Estoy escribiendo esto sentado bajo nuestro árbol de las estrellas en el prado. Sé que nuestro árbol se considera dotado de un poder mágico para ayudar a cualquiera que trate de cambiar su suerte, pero hasta ahora, aunque sigo frotando su corteza con frecuencia, nada nuevo parece acontecer. Mamá dice que la magia del árbol solamente da resultado a la gente dispuesta a hacer algo por sí misma.

51

18 de abril

El tío Varno y mamá han estado conversando muchas veces. Ya sé por qué. Mi tío va a llevar nuestro ganado, junto con el suyo, a las montañas este verano, y mi mamá le pagará por este servicio con la tercera parte de los terneritos que nazcan. Ella no me ha dicho sus razones, pero estoy seguro de que piensa que no puede hacerse cargo de una hija pequeña, un rebaño de renos y un hijo que le ayudaría muy poco en los prados de las laderas montañosas. Hoy extrañé mucho a papá.

23 de abril

Esta mañana corrí al árbol de las estrellas y regresé en la misma forma. Mañana lo haré dos veces y al día siguiente tres. Pronto mi pierna estará tan fuerte como antes del accidente. Es tanto lo que mamá hace por nosotros, que yo no puedo decepcionarla. Quiero ser capaz de ayudarla como papá acostumbraba hacerlo. Si soy el hombre de la familia, como dice mi mamá, ya es tiempo de que empiece a conducirme como tal.

2 de mayo

Los terribles mosquitos han llegado y hoy todos los renos empezaron a movilizarse hacia el norte. El tío Varno nos dejó al viejo Kala para transportación, y tres animales para carne, pero se llevó todos nuestros perros, con excepción de Nikku. Mamá lloró cuando toda la comitiva empezó a alejarse. Todos lloramos. Fue la primera vez en nuestra vida que no íbamos a las montañas con nuestro ganado durante el verano.

EL DON DE LA ESTRELLA

19 de mayo

Encontré mi vieja cometa en el cobertizo y la llevé conmigo a la pradera. Vuela tan bien como siempre y fue muy divertido dejar el cordel fuera saliendo del carrete de madera que papá había hecho, y ver aquel bonito juguete rojo volar tan alto que casi se perdía de vista. Me pregunto hasta qué altura habrá podido volar una cometa... Me duele ahora la rodilla, pero fue muy bueno encontrar algo que todavía puedo hacer bien.

27 de mayo

Nos hemos mudado de casa para pasar el verano. La tienda que usábamos en las laderas de las montañas ahora se levanta junto a la carretera, a unos doce kilómetros de Kalvala. Parece que aquellas cajas que mamá había estado juntando estaban llenas de artesanías hechas por la gente de nuestra aldea. Ahora las tiene arregladas en anaqueles a la orilla del camino, para venderlas a los turistas.

Tenemos hileras de cucharas de cuerno labradas, cinturones, mocasines, sombreros de piel de antílope y centenares de minúsculos animales de madera. Mamá lleva una cuenta exacta de todas las piezas que se venden. Cuando volvamos a la aldea, en el otoño, devolverá los artículos que no se vendieron, junto con la mitad del precio que reciba por los que se vendan.

Mamá dijo que si todos trabajamos con ahinco, podríamos ahorrar lo suficiente para que yo todavía lograra inscribirme en la universidad dentro de dos años. Tal vez todos mis deseos formulados bajo el árbol de las estrellas no han sido en vano.

6 de junio

Nuestro nuevo negocio marcha muy bien. Un camión entero de pescadores, camino a la península Varangar, se detuvo hoy aquí y nos pidió café. A toda prisa, mamá preparó una jarra, y ahora también vendemos café. Después hizo parada un autobús de turismo, y algunos de los pasajeros preguntaron si querríamos posar para una fotografía, enfrente de nuestra tienda. Mamá cobró cinco markkas a cada uno. No deja de decirnos que podemos hacer realidad cualquier sueño, si trabajamos con ahinco, pedimos ayuda a Dios y nunca nos damos por vencidos.

13 de julio

Mamá ha estado tosiendo los últimos días. Creo que trabaja demasiado. Como tenemos veinticuatro horas de luz solar, el tráfico es ininterrumpido a todas horas, y mamá duerme muy poco por temor de ir a perder una buena venta. Jaana y yo tratamos de ayudarla realmente, pero ella quiere atender en persona a cada cliente. Hoy en la noche estaba tan cansada, que dejó que Jaana cocinara para los tres. Jaana será una buena esposa cuando crezca.

29 de julio

El negocio va muy bien, pero mamá está enferma. Ha adelgazado mucho y tiene un color extraño, casi gris. Ahora tose más que nunca, pero no me hace caso cuando le pido que descanse. Estoy atemorizado. Lo más cercano a nosotros es la aldea, en caso de que le sucediera algo. No es fácil ser el hombre de la casa.

30 de septiembre

Mamá ha muerto. No tuve valor de escribir estas palabras hasta hoy. Murió la noche del 2 de agosto durante el sueño. Poco antes, al anochecer, por vez primera nos pidió a Jaana y a mí que atendiéramos a los clientes mientras dormía un rato. Después la oí llamarme y corrí a la tienda. Extendió el brazo, me tomó la mano y la apretó contra su corazón. Luego hizo que me acercara, me besó y me dijo:
"Te amo, Tulo. Cuida a tu hermanita, pero recuerda que tu destino está más allá de Kalvala. Mira siempre adelante. Esfuérzate. Dios... y el árbol de las estrellas te ayudarán".
Luego se quedó dormida. Cuando despertamos, la mañana siguiente había muerto.
No recuerdo nada del funeral, excepto que la sepultaron junto a papá en el cementerio. El tío Varno y la tía Stina nos han invitado a ir a vivir con ellos, pero Jaana y yo hemos decidido quedarnos en nuestra propia cabaña y cuidar el uno del otro.

Con un gesto de agotamiento, Tulo hizo a un lado el gran libro verde. Era cierto que había silbado a las luces del Septentrión y que, al menos en la mente, había recordado el pasado... y los muertos. Pero ¿qué sería del mañana —se preguntaba— ... y del día siguiente...? ¿Qué les tenía reservado el futuro a su hermanita y a él?

Se levantó, caminó hasta la puerta del frente y la abrió a la negrura de la noche. Cúmulos de nubes oscuras y bajas del oeste habían borrado toda traza de luz celestial. El viento aullaba con furor a través de la tundra y la nieve caía una vez más.

Oprimido por una sensación de extravío, el muchachito volvió a acariciar con ternura la pequeña fotografía de su madre, mientras avanzaba cojeando hacia la cama.

7

Las luces septentrionales habían sido otra vez el temible presagio del mal tiempo, y la ventisca que estaba azotando a Kalvala era mucho más que la fina lluvia de cristales de hielo que solía caer constantemente durante el invierno.

La segunda mañana de fuertes nevadas, Tulo encendió el radio de mesa, de plástico café, que Pedar había ganado en la feria, varios años antes. Una de las estaciones de Inari, a cincuenta kilómetros al sur, tocaba música de Sibellius. Tulo localizó en su aparato la otra, de suerte que alcanzó a oír: "... muchas líneas de corriente. Más de un metro de nieve ha caído en la zona de Inari e Ivalo, y el centro de baja presión atmosférica parece estacionario. Advertimos a todos los residentes de esta provincia, sobre todo a los de las aldeas aisladas del lejano norte, que permanezcan cerca de sus hogares, puesto que el centro meteorológico pronostica que esta tempestad puede ser la peor que haya caído sobre nuestro territorio en muchos años".

A toda prisa, Tulo se puso la ropa más abrigadora, enganchó a Kala al trineo y salió en medio de la oscuridad. Volvió conturbado, más de dos horas después, sin otra cosa que una bolsa de harina y tres velas. La tienda de LaVegg, llena a reventar de aldeanos aterrorizados, le había recordado al reno asustado que corría impotente en torno al corral, el día de la redada.

El tío Varno, que también había ido a la tienda, guió su trineo junto al de Tulo, cuando este se bajó del suyo y empezó a subir hacia la cabaña. Ya adentro, el robusto ganadero tomó unos sorbos de café, en silencio, antes de poner la mano sobre el hombro de Tulo, para decirle:

—Tu tía está preocupada por ustedes dos. Quiere que vengan a nuestra casa, por lo menos mientras este horrible temporal pasa. Yo le dije que te lo propondría, aunque pensaba que era lo mismo que echar palabras al viento.

Tulo sacudió la cabeza y contestó:

—Aquí estaremos seguros, tío.

—No estés tan confiado, sobrino; esta tormenta es muy peligrosa. Recuerdo una parecida, cuando yo tenía tu edad... Pero entonces las cosas eran diferentes.

—¿Diferentes?

Varno golpeó la mesa, derramando un poco de café.

—Ya sé... ya sé... No entiendes. A pesar de que has leído y estudiado tanto, todavía tienes que aprender en alguno de esos libros cómo fue que esta supuesta civilización moderna convirtió a toda nuestra gente Sami en abúlicos enclenques que ya no saben proveer a nuestra supervivencia, como lo hicieron nuestros padres y nuestros abuelos.

Varno caminó hacia la estufa de queroseno y señaló su punta negra y caliente con desdén.

—¿Qué haces tú con este artefacto?

Tulo respondió:

—Cocinamos en él y nos ayuda a conservarnos calientes. Es exactamente como la estufa de tu casa tío.

—¿Y cómo podrás evitar helarte cuando ya no tengas combustible para alimentar a este monstruo de fierro y hayas quemado hasta el último leño de tu reserva en la chimenea?

—Nunca había experimentado lo que es una tempestad como esta. No sé queeeé ... haaacer —dijo el chico vacilante.

—Y tampoco lo sabe ninguna otra familia en Kalvala —rugió Varno.

Luego avanzó hacia la cocina, estiró la mano y apagó la luz eléctrica.

Su voz resonó en la oscuridad:

—¿Y qué harás cuando las líneas de corriente se derrumben y estas piececitas de vidrio ya no puedan brillar?

Entonces se oyó la débil voz de Jaana:

—Encenderemos nuestras velas.

—¿Y cuando se acaben las velas, qué harán? En la tienda ya no hay más.

—Encenderemos las lámparas de queroseno —repuso la pequeña con confianza, en el momento preciso en que el tío ya desesperado prendía la luz, haciéndola parpadear.

—¡Oh no, eso no podrán hacerlo! El poco combustible que tengan deberán conservarlo para la estufa. De lo contrario, no solo se congelarían, sino que tendrían que comer carne seca en vez de guisos calientes.

—¡Pero no tenemos carne seca!

—¿Y por qué no?

—Porque, con excepción de nuestra carne seca, compramos todo lo necesario, a medida que vamos necesitándolo, lo mismo que tú . . . en la tienda de LaVeeg.

—¡Tulo, esa tienda está vacía! Tú lo viste con tus propios ojos. Todos se apresuraron a ir, lo mismo que tú y yo, mientras sus trineos todavía podían moverse, y compraron todo lo que había en los armarios de La-Veeg. Ya no hay alimentos ni petróleo, y los camiones no pueden venir al sur. Estamos impotentes . . . lo mismo que si viviéramos en un zoológico y el encargado nos hubiera abandonado.

Los chicos permanecieron callados con todo respeto, mientras el tío continuaba:

—Estamos encerrados en la misma trampa, sin poder culpar a nadie más que a nosotros mismos por esta situación de impotencia en que nos hallamos. Hemos optado por olvidar la forma de vivir de nuestros antepasados que supieron sobrevivir durante miles de años en esta tierra, con valor e ingenio. Hemos malbaratado nuestra herencia por adquirir unos cuantos lujos necios. Hace cincuenta años, o incluso veinticinco, cada familia tenía su propio rebaño, y ningún sami tenía obligaciones con nadie que no fuera su familia y su Dios. Ahora no hay más que unos cuantos rebaños en toda la provincia, y nuestra gente trabaja en minas, en fábricas o en plantas de energía, aherrojados por cadenas que son hechura nuestra. Hemos cambiado nuestras únicas posesiones valiosas, que eran la confianza en nosotros mismos, nuestra independencia y nuestros animales, por un foco, una caja de música... y... ¡un trasero caliente!

Varno se levantó y se puso su abrigo.

—Un día, alguien hará una redada con todos nosotros, nos encerrará detrás de una cerca, dará muerte a nuestros renos y nos echará al olvido, como hicieron con el indio norteamericano y su búfalo.

Se inclinó para besar a su sobrina en la nariz, y dijo:

—Perdónenme. No tuve intención de echar una arenga para asustarlos. Su tía dice que tengo una lengua muy larga. Mañana buscaré el modo de venir hasta aquí, para cerciorarme de que ustedes dos están soportando esta tribulación con auténtico valor de sami.

Jaana y Tulo acompañaron al tío hasta su trineo, bajando la cabeza para hacer frente al viento que les hería. Una vez que Varno se sentó, Jaana se inclinó, acercándosele, y le gritó al oído, para hacerse oír a pesar del fragor de la tormenta:

—Tío Varno, ¿qué podemos hacer?

Varno tomó entre sus manos enguantadas la cabe-

cita de Jaana, cubierta de nieve y la aproximó hacia él.
La niña solo pudo escuchar el susurro de una palabra:
—¡Orar!

El tercer día de la tormenta, Tulo fabricó una cometa gigantesca.

Cuando Jaana despertó, él ya había recortado muy bien dos grandes varas de sauce, las había sujetado entre sí, con una cinta hecha de tendón de reno trenzado, formando con ellas una cruz enorme, y había tendido sobre su armazón una vieja sábana roja de algodón.

Jaana exclamó con sorpresa:

—¡Esta tiene que ser la cometa más grande del mundo!

Su hermano se puso de pie y estudió su obra con orgullo:

—Oh no; ha habido cometas veinte o más veces mayores que esta.

—¿Qué vas a hacer con ella?

—Voy a hacer lo que mamá quiere que haga.

—¡Tulo... mamá ya murió!

—Anoche tuve un sueño; fue tan real que desperté y ya no pude volver a dormir, por estar pensando en él.

—¿Soñaste con mamá?

—Durante el sueño, yo estaba en la pradera, cerca del árbol de las estrellas, echando a volar una cometa roja muy grande. El viento era fuerte, el sol muy brillante, y mi cometa subía tan alto, que apenas podía verla. Entonces oí que alguien se reía; me di vuelta y vi a mamá, sentada sobre las ramas de nuestro árbol. Me decía una y otra vez: "Arriba, más alto". Solté más y más el cordel, para dejarla elevarse. Me hacía feliz ver que mamá le daba tanto gusto.

—¡Oh, cómo quisiera yo tener un sueño así!

Tulo levantó las manos:

—Espera. Todavía hay más. Pronto resonó un trueno y brilló un relámpago. El cielo se oscureció y la nieve empezó a caer. Traté de recoger el cordel para salvar a mi cometa de la tempestad, pero no logré hacerla bajar. Seguí tirando, siempre con más fuerza, hasta temer que se rompiera. Luego empecé a llorar. De pronto todo se llenó de luz, como si fuera pleno día, y cuando busqué a mamá, había desaparecido... pero el árbol de las estrellas brillaba como si estuviera en llamas.

—Eso es muy triste, Tulo... y también muy hermoso.

—Jaana, pienso que mamá y el árbol de las estrellas aparecieron en mi sueño para traerme un mensaje, y creo que sé cuál es. Te lo diré dentro de poco. Por ahora ten confianza en mí. Debemos ir de prisa a la aldea y comprar todo el cordel y la cuerda fina que tenga el señor LaVeeg en su tienda.

68

—¿Para nuestra cometa?

—Confía en mí y . . . ¡apresúrate!

La entrada al Almacén General de LaVeeg estaba obstaculizada por grandes montones de nieve y cuando los dos chicos empujaron la puerta para entrar, una buena cantidad de nieve suelta se escurrió dentro de la tienda.

—¡Muchachos tontos! ¡Pronto, pronto, cierren esa puerta! ¿No ven lo que están haciendo con el piso de mi almacén?

La voz plañidera de Finn LaVeeg estaba muy de acuerdo con la expresión de su cara y con su personalidad. Había vivido sin amigos, solo y apenas tolerado por los aldeanos, en la trastienda del único almacén general de Kalvala, durante más de cuarenta años. Sus anteojos, con armazón de hueso, remendada en un ángulo, descansaban sobre un mechón de pelo cano, amarillento y despeinado, por encima de aquella frente, siempre llena de arrugas. Mientras los niños se acercaban, el viejo siguió marcando productos enlatados que iba sacando de un montón de cajas de cartón que tenía enfrente. Tulo no pudo contenerse:

—¡Señor LaVeeg, mi tío me dijo que su tienda estaba vacía, y yo veo que sus alacenas están bien provistas de todo!

LaVeeg tosió con nerviosismo y se enjugó la boca con la punta del sucio delantal que tenía puesto.

—¿Qué sabe Varno? Yo he estado guardando estos artículos en mi cabaña, detrás de la tienda, durante mucho tiempo. Yo sabía . . . ¡claro que lo sabía!, que tarde o temprano tendríamos una tempestad como esta y que todas las provisiones valdrían oro. Hay que saber prever. Uno debe estar preparado para lo peor en todo momento. Los aldeanos pagarán por estas cosas . . . ¡ya lo creo que pagarán! Todo lo voy a vender al doble. Oferta y demanda, demanda y oferta. Tú sabes . . .

Siguió marcando los productos con su grueso lápiz de color, mascullando en voz alta mientras garabateaba sus números, sin tener en cuenta que no estaba solo. Jaana siguió a su hermano hasta el armario donde estaba el cordel y la cuerda, y ambos empezaron a acarrear todos los rollos y carretes hasta el mostrador, junto a la caja registradora. Al fin, LaVeeg levantó la vista y gruñó:

—¿Qué están haciendo ustedes dos?

Ellos respondieron a coro:

—Estamos comprando cordel.

—Y, ¿para qué quieren tanto?

Tulo palideció. No había previsto —como debía haberlo hecho— que una compra tan insólita despertaría la curiosidad del tendero. Jaana se dio luego cuenta de su desconcierto y respondió con mal fingida modestia:

—Yo voy a hacer cinturones de cordel trenzado y a tejer suéteres y chales para vender el próximo verano, cuando pongamos nuestra tienda junto a la carretera.

LaVeeg refunfuñó:

—¿Van a decirme que piensan ir allá otra vez? ¿Sin su madre?

—Sí.

—¡Qué necedad! Van a perderlo todo. ¿Qué saben ustedes dos de comercio y de finanzas? En fin, ese no es problema mío. Tengo más cuerda y algo de hilo de tripa de reno en la buhardilla. ¿Quieren llevarse eso también? Ni siquiera le subiré el precio si se llevan todo.

Tulo titubeó. Llevaba consigo la mitad de todos sus ahorros. Sin embargo, asintió con la cabeza.

Unas horas después, los dos chicos estaban sentados, exhaustos ante la chimenea, contemplando las llamas del último de sus troncos, rodeados de rollos de estambre, hilo y cordel, que habían amontonado en torno a la cometa roja.

—Tulo, me prometiste... Ya no puedo esperar más. Por favor dime qué tiene que ver todo esto con tu sueño. ¿Vas a volar tu linda cometa en medio de esta tempestad?

Tulo contempló los azules ojos confiados de su hermanita y se esforzó por encontrar palabras que le ayudaran a entender.

—Pronto se acabarán nuestras reservas de combustible y velas, lo mismo que se han acabado los leños. Tío Varno dice que es cuestión de un poco de tiempo y la tormenta derribará también las líneas de energía eléctrica. Jaana, tú y yo no somos ratones nórdicos. No podemos sobrevivir como ellos, en plena oscuridad y congelados hasta la primavera. Estoy convencido de que mamá cuida todavía de nosotros de alguna manera.

—¿Cómo?

71

—Pienso que anoche vino hasta mí en el sueño, para decirme que mandara a lo alto una cometa especial, grande y fuerte, que ya tengo hecha.

—¿Por qué, Tulo? ¿Cómo puede salvarnos una cometa volante como la que viste en tu sueño?

Tulo se puso de pie y señaló el enorme diamante de tela.

—Esta cometa será nuestra red. Mañana vamos a pescar con ella . . . en lo alto del cielo, hasta que atrapemos una estrella . . . una estrella que nos dé luz y calor en la cabaña, ¡hasta que llegue la primavera y vuelva a brillar el sol!

Durante toda la noche, mientras el pueblo de Kalvala dormía con sus temores, Tulo y Jaana Mattis trabajaron con frenesí, atando cuerdas y cordeles hasta formar una bola gigantesca, preparándose para su asalto al cielo.

9

En las primeras horas del cuarto día de la tormenta, los chicos arrastraron su inmensa cometa sobre la nieve, hasta llegar a la pradera. Las largas colas blancas del artefacto, ribeteadas de listones, se agitaban ruidosamente al viento, como la cola de un salmón al que la resaca ha dejado en la playa.

Poco antes, Tulo había enrollado la bola gigantesca de hilo y cordel alrededor de un punto cercano al árbol y azotado por el viento. Luego se arrodilló y a toda prisa sujetó con nudos la punta principal de la cuerda a la brida de la cometa. Satisfecho de su labor, hizo seña a Jaana, para que recogiera la linterna y diera marcha atrás.

Casi a renglón seguido, una violenta ráfaga de aire helado azotó la pradera, esparciendo nieve pulverizada, con la fuerza de un arado gigantesco. De un brinco, Tulo se puso de pie, levantó la cometa tomándola por la armazón, y con toda su fuerza la arrojó lejos de sí. Como si no hubiera sido más que una hoja seca de abedul, la cometa roja fue levantada por el viento, y sus caudas ondearon con fuerza hasta desaparecer en medio de la lóbrega oscuridad.

El cordel corrió, metro tras metro, entre los dedos de Tulo. Su corazón golpeaba con fuerza mientras la cuerda vibraba y parecía desgarrarse al paso por sus guantes. El hilo seguía subiendo mientras Jaana se afanaba en desenrollarlo de la bola que a cada momento se reducía más y más. Tulo apuntaló las piernas y enterró las botas en aquel suelo resbaladizo. Le llenaba de asombro el ver que esta cometa parecía seguir elevándose sin interrupción, a despecho de todas las corrientes de aire descendente, que suelen tener en continua tensión al que la dirige.

Cuando Jaana al fin tiró de la manga del abrigo de su hermano, ya habían pasado más de dos horas. A Tulo le dolía todo el cuerpo. Su rodilla, todavía convaleciente parecía estar a punto de ceder en cualquier momento. Se le habían dormido los brazos y le ardían los dedos de las manos. Sacudió con desaliento la cabeza cuando la chica le señaló la bola de cordel, que ya se había reducido a menos de la décima parte de su tamaño original. Como buen pescador que era, Tulo siguió soltando el cordel, a pesar de que preveía que el desenlace fatal se aproximaba. Si llegaba al fin de la cuerda y la cometa seguía subiendo, no tenía más que una alternativa: sujetarla con fuerza hasta que se rompiera o se lo llevara consigo a las alturas, o bien . . . soltarla y dejar que la cometa se perdiera.

76

Las manitas enguantadas del chico, que ya dejaban pasar el cordel de mala gana, se juntaron como cuando él oraba al lado de su cama todas las noches. Empezó a musitar, como había oído a su madre tantas veces: "Por favor, ayúdame ... por favor, ayúdame". Una rápida mirada a la cara angustiada de Jaana le advirtió que su provisión de cordel estaba a punto de agotarse.

De pronto, la cuerda dejó de surcar sus manos. El tirón de lo alto cesó. Tulo trató de hacer bajar ligeramente el cordel, temeroso de que se tratara de una ráfaga descendente. El aparato se negó a ceder. El chico intentó otra vez, ahora con más fuerza.

—¿Qué pasa, Tulo? ¿Algo malo?

—No sé —gritó, sobreponiéndose al viento—. La cometa no parece estar subiendo, pero tampoco parece caer. Quisiera poder verla. Cada vez que tiro del cordel, vuelve a su posición. Podría ser solo el viento, pero temo que si tiro con demasiada fuerza, se rompa ,.. ¡Es exctamente lo que pasaba en mi sueño ... exactamente lo mismo!

Después de unos momentos de indecisión, Tulo resolvió jugarse el todo por el todo. Tiró con furia salvaje del cordel. Más de tres metros de cinta pasaron por sus manos. Tiró de nuevo y otra porción de la cuerda cayó a tierra. Mano sobre mano, Tulo siguió tirando y haciendo esfuerzos. En poco tiempo, un montón enorme de cordel se había formado a sus pies.

—¡Mira, una luz, Tulo, veo una luz! —gritó Jaana—. ¡Y allí está nuestra cometa! ¡Trae algo brillante enredado! ¿Será una estrella? ¡Sigue tirando, Tulo, no pares!

A medida que la luz descendía, su resplandor hacía que el árbol proyectara sombras que bailaban en la nieve. Hasta la cabaña, a más de cien metros de distancia, les resultaba visible.

Aferrando con fuerza el cordel, Tulo se acercó al árbol, hasta lograr que la cometa y su radiante presa quedaran directamente sobre él. Con todo cuidado fue guiando al raído gigante rojo, que aún se esforzaba por volar, hacia la enramada. Las robustas ramas del árbol, que nunca habían sostenido nada que pesara más que un errante búho gris, ahora se cerraban para envolver a aquel resplandeciente visitante del espacio.

—¡Es tan pequeña y redonda! —exclamó Jaana—. ¡Es una verdadera estrella! ¿No es cierto, Tulo? Yo creía que las estrellas tenían cinco puntas. ¡Todas las de la iglesia y las de mi escuela las tienen!

El chico, que todavía se esforzaba con desesperación por entender lo que acababan de lograr, murmuró pasmado:

—Probablemente las estrellas son como la gente o los renos o los árboles: las hay de muchas formas, tamaños y colores. No sé. ¡Mira, parece estar ardiendo... pero las ramas del árbol no se queman! ¡No puedo creer que la hayamos alcanzado!

Tulo se encaramó al gran árbol y cortó la cinta que se había enredado en las ramas. Luego golpeó con el pie la cometa y la hizo caer con suavidad al suelo. La estrella estaba al alcance de su mano. Podía sentir su calor. Los ojos le lloraban por la intensidad de sus luces, ora verdes, ora azules, ora plateados. Sentía la tentación de estirar el brazo y tocarla, pero no se atrevió.

Cuando descendió del árbol, la estrella palpitaba despidiendo centellas de oro y plata. Jaana juntó las manos empuñándolas en un gesto de júbilo y exclamó:

—¡Ahora sí tenemos un verdadero árbol de estrellas! ¡El único en el mundo!

Tulo movió la cabeza con asombro y dijo:

—¡Y todas sus ramas resplandecen! ¡Tal como las vi en mi sueño!

10

—¡Tulo, Tulo, despierta, despierta!

Varno sacudió con suavidad a su sobrino, hasta que el exhausto muchacho volvió en sí lo suficiente para alcanzar el cordel que colgaba sobre su cama. Tiró de él. Volvió a tirar . . . una vez más . . .

—¿Qué ha pasado con nuestras luces, tío?

En medio de la oscuridad, Varno refunfuñó:

—No sé. Probablemente las líneas de corriente se han caído, como te advertí . . . Pero no es por eso por lo que estoy aquí.

—¿Qué pasa, tío?

—¿Y tú preguntas qué pasa? Aquí estás, dormido, mientras el mundo podría acabarse sin que siquiera te enteres. ¡Por lo que yo sé, este podría ser el fin! ¡Apresúrate! ¡Vístete y sígueme!

Tulo siguió torpemente los pasos de su tío hasta la puerta posterior, balanceándose soñoliento mientras Varno luchaba con el picaporte. Cuando la puerta se abrió de par en par, el chico parpadeó varias veces, hasta que sus ojos se acostumbraron al resplandor.

—Tío, ¿qué hace toda esa gente en nuestro prado?

—¿Me preguntas qué hace? ¿Estás ciego? ¡Mira lo que hay en tu árbol!

—Es nuestra estrella.

—¿Tu estrella? —gritó Varno.

—Sí, nuestra estrella —repitió Tulo con calma—. La atrapamos anoche.

—¿Tú la atrapaste? ¿Tú ... atrapaste ... una estrella?

Varno se arrodilló para estudiar el rostro de su sobrino a la luz del vívido resplandor que llenaba la cabaña. Sacudió la cabeza, se puso de pie y caminó hacia la mesa de la cocina, donde tropezó con Jaana que se había despertado al oírlos hablar.

—Alguno de ustedes, por favor ... por favor dígame algo acerca de esto ... de esta estrella.

Mientras los chicos hablaban, arrebatándose la palabra mutuamente, la cabeza del tío oscilaba de un lado a otro, una profunda arruga le surcaba la frente y no podía dejar de abrir y cerrar la boca. Cuando terminaron el relato, preguntó:

—¿Dónde está esa gran cometa?

—En el granero.

Varno se ausentó durante menos de cinco minutos. Al volver, su actitud y su voz eran mucho más amables.

—¿Y qué piensan hacer con esta presa suya?

—Vamos a ponerla aquí ... dentro del hogar, para que pueda calentar e iluminar nuestra cabaña durante la tormenta y la oscuridad. ¿No estás orgulloso de nosotros, tío? —preguntó Tulo—. No es fácil atrapar una estrella.

—¿Dices que no es fácil? Yo no diría que no es fácil... ¡Es imposible! ¡Imposible, eso es! ¿Qué puedo decir? ¿Quién pensó jamás que veríamos un milagro en esta parte olvidada del mundo? No entiendo. No entiendo nada.

La gente sencilla de Kalvala se regocijó cuando se le narró el hecho extraordinario. Las ancianas cayeron de rodillas entonando acciones de gracias. Los jóvenes se tomaron de la mano y cantaron. Los niños bailaron y jugaron como si hubieran estado en plena feria. Todos olvidaron por un momento sus calamidades y recibieron con los brazos abiertos lo que el pastor Bjork llamó una luz venida de Dios.

Muchas horas más tarde, cuando ya los aldeanos se habían retirado y Jaana yacía dormida, Tulo se puso a describir los desconcertantes acontecimientos de las últimas veinticuatro horas en su gran libro verde. De pronto sintió un ímpetu irrefrenable de volver al prado. Se vistió a toda prisa y salió.

Por estar en una ligera prominencia del terreno, el prado había quedado casi libre de nieve, debido a la fuerza del viento. En torno al árbol había manchas de liquen de los renos, amarillo y gris, en las que hasta el hielo se había derretido. Tulo cojeó un poco bajo la enramada y extendió los brazos hacio lo alto para sentir el calor de la estrella. Los copos de nieve que le caían en la palma de las manos no tardaban en convertirse en gotas de lluvia.

—Hola, Tulo.

Desconcertado, el chico giró en redondo, tratando de averiguar quién se había quedado en el prado. No vio a nadie.

—Hola, Tulo —volvió a decir una voz sonora y grave—. No temas, mira hacia arriba.

Tulo se aferró al tronco del árbol en busca de apoyo y dirigió la mirada hacia la estrella, mientras balbuceaba:

—¿Ttttú puedes hablar?

—Claro.

—¿Y sabes mi nnnnombre?

—Yo sé mucho sobre ti, muchachito.

—¿Cómo hablas? No te veo ninguna boca.

Una lluvia de centellas plateadas brotó de la cima de aquel globo resplandeciente y cayó flotando perezosamente hasta el suelo.

—Temo que me juzgas como si fuera un ser de la Tierra, y no soy. Como estrella, mi voz no es más que una parte muy pequeña de la energía que irradio.

—¿Puedes verme?

—Con bastante claridad. En realidad tengo todos los sentidos que tienes tú, pero esto no es extraño, puesto que todos estamos hechos de la misma materia. También tengo sentimientos y estados de ánimo como tú. Lloro, río ... tengo buenos y malos ratos.

—¿También tienes hambre?

—Por supuesto. Desde que fui formada se me llamó Akbar ... A ver ... eso debe haber sido hace unos cien mil años ...

Tulo ya se sentía muy a gusto, conversando con su huésped celestial, como si hablar con una estrella fuera cosa de todos los días. Sonrió e hizo deslizar por su lengua el extraño nombre, con cierta picardía:

—Akbarrr ... ¡Akbarrr! Si eres tan vieja, ¿por qué estás tan pequeña?

El color de Akbar adquirió tintes rojos:

—Soy pequeña porque soy una estrella muy joven. En unos billones de años seré tan grande como esas estrellas que ustedes los terrícolas han llamado Cabra, Polux, Arturo ... incluso Vega. Sin embargo, puedo asegurarte que ni mi juventud ni mi tamaño me impiden cumplir mis deberes.

—¿Todas las estrellas hablan?

—Sí, en lenguajes incontables. Pero las mayores están tan alejadas entre sí, que rara vez tienen la oportunidad de hacerlo. El aislamiento es uno de los precios que tienen que pagar por su grandeza. Las estrellas menores como yo, capaces de ir de un lado a otro, somos muy importantes allá en lo alto. Tú nos has visto volar a través del firmamento algunas veces ... Yo lo sé. Siempre estamos de prisa, yendo a alguna parte, para ayudar en la forma que podamos. Por eso estoy ahora aquí.

Tulo estaba azorado.

—¿Quieres decir que viniste aquí para ayudarme *a mí*?

—Sí.

—Mi cometa... tú... tú... ¿me dejaste atraparte con ella?

—Desde luego. Toda la cuerda que pudiera haber en este planeta no habría bastado para alcanzarme si yo no hubiera querido ser capturada. Sin que esto quiera restar méritos a tu forma maravillosa de manejar ese diablillo rojo. Estuviste magnífico.

Lleno de regocijo, Tulo giró en redondo. Casi perdió el equilibrio.

—¡Gracias, estrella Akbar! ¡Gracias! Qué maravillosa eres al haber querido hacer todo este viaje y bajar aquí, solo para ayudarme a calentar e iluminar nuestra cabaña durante este terrible temporal.

La estrella palideció hasta adquirir un suave tono de azul. Luego repuso:

—Jovencito, yo no vine para eso... aunque estoy dispuesta a servirte también así, si lo deseas. En realidad, he venido con un don para ti... un don que será más valioso que una pequeña luz pasajera y un poco de calor para tu cabaña.

Tulo dio vuelta al árbol con toda calma, mirando de soslayo aquel globo resplandeciente por todos lados.

—¿Un don? No entiendo.

Una estruendosa y rugiente carcajada sacudió al árbol de las estrellas.

—Mi don no viene envuelto en bonito papel y sujeto con un listón... si es eso lo que estás buscando, Tulo. Ten paciencia. Trataré de explicarte. Tú sabes, por lo que has estudiado en la escuela, que esta Tierra es solo un pequeño planeta en medio de una inmensa galaxia de estrellas que los terrícolas llaman la Vía Láctea. Bueno... pues hay más de mil millones de galaxias como la Vía Láctea allá en el espacio. Son tantas que me intimida el solo pensar en ellas. Además, únicamente en esta galaxia hay más de cien mil millones de estrellas... y más de cien millones de planetas con vida en su superficie.

—¡Eso no lo sabía! —interrumpió Tulo.

—Claro que no. A los terrícolas les queda todavía mucho por aprender. Sin embargo, por razones que nunca hemos puesto en tela de juicio... de todos los planetas con vida, en todos los miles de millones de galaxias del universo... este pequeño planeta de ustedes es el único en el que a la gente se le ha dado un poder especial... la facultad de elegir. Solamente aquí, por muy desesperada que sea una situación, ustedes son capaces de gobernar su propio destino mediante las decisiones que toman. Aquí se les permite pensar en lo que quieran, decir lo que les parezca, ponerse lo que más les guste, comer lo que prefieran... incluso trabajar o jugar, según les plazca. Aquí ustedes tienen libertad de ser amables u odiosos, valientes o cobardes, ricos o pobres, perezosos o trabajadores, pecadores o santos... y desde luego, de sufrir las consecuencias o recibir el premio a sus acciones Todo... todo... está en sus manos, gracias a la facultad de elegir que han recibido al nacer. ¡Nadie ha nacido en este planeta sin esa facultad, desde los días del Jardín del Edén!

—¡Yo sé de Adán y Eva!

La luz de Akbar vibró con rapidez.

—Bueno... desde que esos dos hicieron una elección equivocada, nosotros hemos estado observando las acciones de ustedes con gran interés. Triste es decirlo, pero en la mayoría de los casos, los terrícolas nos han desilusionado mucho. Cuando se ven ante una alternativa, suelen optar por la solución equivocada. Es cierto que ha habido seres humanos notables a través de los siglos, que han usado sus facultades con sabiduría, pero la mayoría desperdicia tal cantidad de su precioso patrimonio —que es la vida— compadeciéndose a sí mismos y hundiéndose en fracasos y disculpas vanas, que no tienen tiempo para disfrutar del paraíso que ha sido creado aquí. Lamento decirlo, pero los humanos no saben vivir. Lo único que son capaces de hacer bien es morir... un poco cada día. Tú, Tulo, no eres mejor que los demás.

—¿Yo?

—Sí, ¡tú! ¡Recuerda los torrentes de compasión que has vertido sobre ti mismo durante el año pasado, y luego dime si estoy equivocada!

—¿El don que traes para mí me ayudará a cambiar? ¿Me enseñará a vivir?

—Mi don no te servirá de nada si tú no estás dispuesto a hacer un esfuerzo por cambiar. Una vida debe cambiar desde dentro.

—Hablas como mamá.

—Te he conocido tanto como ella. He sido tu estrella especial y he cuidado de ti desde que naciste. He sufrido contigo... y he triunfado contigo mientras aprendías el arte de escribir. He llorado contigo. He reído a tu lado. He orado cuando orabas. Luego tuviste aquel accidente y casi renunciaste a la vida, como tantos otros seres terrestres, cuando esta los trata mal. Mi don es para ti... y para cualquier otro ser humano que crea que su vida es un fracaso porque no ha sido capaz de escalar la alta montaña o de llenar de oro una bodega.

Las palabras de Akbar asustaron a Tulo. Todo lo que él quería era una estrellita que diera luz y calor a su pequeña cabaña. Replicó con tal timidez que sus palabras apenas podían oírse por encima de los gemidos del viento.

—Estrella Akbar, ¿has estado antes en la Tierra?

La estrella despidió un ténue resplandor.

—Estrella Akbar...

—Sí, sí; ya te oí. Estaba pensando si debo o no responder. Aunque después nadie va a creerte, si le dices que tú y yo hemos estado hablando.

—Mi hermana sí... tan pronto como te oiga hablar.

—¡Ah! Pero no me oirá, Tulo. Una estrella solo puede ser oída por la persona de la Tierra que le corresponde.

Tulo insistió:

—De todos modos contéstame, estrella Akbar. Por favor. ¿Has estado aquí antes?

El brillo de la estrella disminuyó y ella contestó con un resabio evidente de orgullo:

—Sí. Una vez descendí con una misión muy especial. Fui elegida y enviada a la Tierra hace muchos años de los de tu calendario, para señalar una pequeña cueva, detrás de una posada, en un lugar que estaba situado a unos treinta y un grados de latitud norte y treinta y tres grados de longitud oeste, según recuerdo. Después de haberla localizado, mis órdenes eran hacer lo que la mayoría de las estrellas nunca osan intentar. Yo debía permanecer en una posición fija, apenas a unos mil metros sobre la cueva y despedir mis luces más brillantes, durante siete días y siete noches. Luego tenía libertad de volver a mi sitio. Fue muy difícil... ¡Pero lo hice!

La voz de Tulo tuvo un tono de quebranto cuando preguntó:

—¿Cuánto tiempo hace de eso, estrella Akbar?

—Yo diría que unos dos mil años terrestres.

—¿Recuerdas el nombre del lugar?

—No lo olvidaré jamás. Era una pequeña aldea, más o menos del tamaño de esta, solo que aquella estaba en medio de un desierto, se llamaba Belén.

11

Jaana esperó a que su hermano, cansado de una noche de escribir en su gran libro verde, se satisfaciera con el pastel helado, para decirle:

—Tulo, anoche dormí muy poco. Estuve pensando en nuestra estrella. No me parece justo que dentro de poco nosotros seamos los únicos que tengamos luz y calor en Kalvala.

—No es más que una pequeña estrella —replicó el chico—. No podría servir a todos los hogares de la aldea. Además... se nos ha acabado hasta el último leño, no hay electricidad y solo tenemos velas y combustible para unos cuantos días.

—Pero ya hay muchas familias sin combustible o velas, y aquel malvado LaVeeg ha aumentado tanto sus precios, que no pueden ya pagárselos. ¿Qué harán ellos?

Tulo caminó hacia la puerta, pretendiendo no escuchar.

—Cuando venga tío Varno dile que estoy en el prado haciendo preparativos para traer a Akbar a la cabaña.

OG MANDINO Y BUDDY KAYE

—¿Traer a quién?
—A la estrella.
—La llamaste Ak... Ak... Akbar. ¿Ya le has dado nombre?

Tulo escapó sin contestar y avanzó cojeando por el prado hasta el gran árbol con su resplandeciente ocupante.

—Buenos días, hombrecito. Parece que una nube oscura ensombrece tu semblante. ¿Algo anda mal?

—Buenos días, estrella Akbar. Sí, es mi hermana. Piensa que soy egoísta por querer encerrarte en nuestra cabaña, cuando muchos otros te necesitan más que nosotros.

—Y tú estás molesto porque sabes lo que ella dice es cierto, y ahora tu conciencia te remuerde. No hay acusador tan fuerte como la conciencia que mora en nuestro interior.

Después de unos momentos de silencio, Akbar prosiguió:

—Ahora que hablamos de conciencia, ¿por qué ya no escribes aquellos encantadores poemas y cuentos que solías escribir tan bien? ¿Por qué estás desperdiciando tu talento al no usarlo?

Tulo bajó la cabeza, para no tener que ver de frente a su inquisidora. Dio un puntapié a la nieve, se encogió de hombros y replicó con tristeza:

—¿Con qué objeto? Soy un lisiado, tengo poca cultura y nunca tendremos dinero para que pueda ir a la universidad. Lo que escribo no tiene importancia, y

96

nadie ha prestado jamás atención a un poeta sami. Mamá y yo teníamos muchos planes maravillosos, pero todos eran demasiado buenos para ser reales.

Akbar prorrumpió en una prolongada lluvia de centellas rojas.

—Eres una persona muy necia. ¡Nadie es demasiado bueno para ser real! Esa es la clase de compasión por sí mismo y de lamentos por la propia desgracia que te he dicho que hemos oído durante miles de años en centenares de idiomas, prácticamente desde todos los rincones de este planeta. Ustedes los terrícolas son muy afortunados, porque no todos optan por darse por vencidos ante la adversidad. De ser así, hace mucho tiempo que todos ustedes habrían desaparecido. ¿Qué piensas hacer con tu deuda?

A Tulo le sorprendió la dureza de las palabras de la estrella. Por eso, le respondió desafiante:

—¿Deuda? ¡No le debo nada a nadie, ni siquiera a LaVeeg!

—¡Ah, claro que sí, hombrecito! Junto con el poder de elegir, recibiste el mayor honor que nuestro Creador puede otorgar: la centella de la vida. Incluida en ella vino la obligación de poner en juego los propios talentos personales, cualesquiera que sean, para dejar este mundo convertido en un lugar mejor que el que encontramos al llegar. Miles de millones de seres humanos han fracasado en el cumplimiento de esta obligación y han desperdiciado sus vidas. Por otro lado, si utilizas tu talento y pagas tu deuda . . . .

Tulo no pudo contenerse:

—¿Qué sucederá... qué sucederá, estrella Akbar?

—Paga tu deuda, da algo de ti mismo cada día al mundo en que vives, y tu vida aquí estará llena de armonía, satisfacción y amor... seguidos de una eternidad jubilosa en el Reino perdurable...

Tulo frunció el entrecejo.

—Nunca he oído hablar del Reino perdurable...

—Ya lo sé. La gente de este planeta sigue siendo un grupo de infantes cuando se trata de conocimiento universal. ¡Levanta la mirada, hijo! ¡Mira lo que tienes arriba de la cabeza!

Por vez primera, después de más de una semana, las estrellas se hicieron visibles repentinamente. Tulo clavó la mirada en el cielo y esperó a que Akbar volviera a hablar.

—¿Ves aquella brillante estrella a la izquierda? Es Luis Pasteur. ¿Has estudiado algo relaciondo con él?

—Sí.

—Y aquella estrella a la izquierda de la de Pasteur... ¿puedes verla?

—Sí.

—Es Séneca. ¿Sabes algo de aquel gran romano?

—¡Oh sí! He estudiado muchos de sus sabios proverbios.

—Si es así, no has perdido el tiempo con tus libros. Ahora mira hacia tu cabaña. ¿Ves aquella estrella encima de la chimenea?

—Es Galileo... y junto a él está Benjamín Franklin.

—¡Él también volaba cometas!

—Así es, en efecto. Una noche por poco no se mató. Pero te aseguro que está allá arriba por mucho más que su habilidad para volar cometas.

—Estrella Akbar, ¿quieres decirme que todo lo que tengo hacer para convertirme en una estrella brillante en el Reino perdurable es usar el talento que Dios me ha dado para hacer de este mundo algo mejor?

—Hijo mío, hemos estado tratando de hacer que los terrícolas comprendan ese mensaje, durante miles de años. En el pasado, muchos no han querido escucharlo, y hoy muchos más harán lo mismo. Está naciendo más y más gente en la Tierra; gente que crece y muere... con la creencia de que su vida no tiene objeto, carece de significado y de un plan. Para ellos, Dios con su magnífico universo lleno de orden y finalidad no es más que un cuento de hadas. No es de admirar que no tengan esperanzas ni ilusiones y que su valor para enfrentarse a las adversidades de la vida sea mínimo. Es natural que no sepan vivir.

—¡Bravo! —gritó el chico, dando un brinco tan alto que se golpeó la cabeza con la rama más baja del árbol.

Sin hacer caso de su rodilla temblorosa, Tulo se puso a correr alrededor del árbol de las estrellas en círculos cortos, apuntando hacia una estrella y luego hacia otra. Cada vez que lo hacía, Akbar pronunciaba un nombre en lo que ya resultaba la lista más insólita:

—Juana de Arco... Tomás Edison... Víctor Hugo... Mahatma Ghandi... Shakespeare... Hipócrates... Tolstoi... Marco Polo... Inga Mattis...

—¿Quién?

El cuerpo de Tulo se paralizó mientras su mano seguía apuntando hacia el firmamento.

—¡Inga Mattis! Esa estrella que estás señalando es tu madre. ¿Qué te sorprende, Tulo?

—¿Mi madre? Pppero ella no es famosa como los demás que has mencionado. ¿Cómo es posible que...?

—Muchachito querido —proclamó Akbar—, es evidente que no has prestado atención a mis palabras. No es necesario que seas rico o famoso o un genio para cumplir tu propio destino. Todo lo que se te pide es que utilices los dones que tienes... lo mejor que puedas. Si eres hábil con el martillo, ¡construye! Si sabes manejar el azadón, ¡planta! Si eres feliz sobre las aguas, ¡pesca! Si la pluma es tu vocación, ¡escribe!

Las lágrimas rodaron por las mejillas de Tulo sin vergüenza alguna, mientras levantaba los dos brazos hacia la minúscula estrella cintilante:

—¡Mamá, mamá!

—¡Sí! Y si miras con atención verás a tu padre junto a ella. Este planeta es sin duda un lugar mejor, gracias a esas dos personas honradas, trabajadoras, que nunca perdieron un momento quejándose de su suerte.

Las palabras de Akbar eran algo más que lo que su joven mente podía comprender. Tulo cayó de rodillas llorando.

—Pero, ¿qué puedo yo hacer para que este mundo sea mejor? La simple supervivencia es ya una lucha.

—¡Qué afortunado eres! —declaró Akbar.

Tulo bajó la cabeza.

—Ahora te burlas de mí, estrella Akbar.

—No. No es burla, pequeño poeta. Si hubieses nacido en medio del lujo, no tendrías esta maravillosa oportunidad de robustecerte y hacerte de recursos mediante tu propio esfuerzo. La lucha es el único camino seguro para cualquiera que deba desarrollar toda su capacidad. ¿Se dio por vencida tu madre cuando perdieron a tu padre? ¡No! Tú deberías aprender de ese ejemplo. En vez de actuar como ella, tú has hecho muy poco más que acumular compasión por ti mismo.

—No puedo evitarlo. Trato de veras, pero la vida se me presenta casi sin emperanza. Ni siquiera puedo caminar como los demás.

La voz de Akbar resonó como un trueno.

—Allá arriba hay otras estrellas... estrellas como Beethoven que fue sordo... Milton, que fue ciego... Darwin, que fue un inválido... Steinmetz, que era jorobado... Keller, que era ciega y sorda, y Lincoln que vivió en una pobreza terrible, mucho peor que la tuya. ¡Escúchame, Tulo! La adversidad no es una maldición. Es una bendición. Las estrellas más brillantes del cielo son los que han pasado por la prueba y no se han derretido en el crisol de la tribulación. Muéstrame un ser humano que jamás haya sufrido la adversidad y yo te mostraré a la persona más infeliz de la Tierra. ¡La máxima aflicción que un ser terreno puede padecer es la de no verse jamás afligido!

Poco a poco el color de la estrella fue adquiriendo un tono azul oscuro, y su voz se hizo suave cuando prosiguió:

—Tulo, vives en un mundo lleno de gente que busca disculpas para su fracaso cuando en realidad —ojalá lo supieran— no han fracasado. Erróneamente miden su vida en función del oro y de la fama, y olvidan la lección que Salomón aprendió demasiado tarde... que estas cosas son nada, solo vanidad y esforzarse por ir en pos del viento. No puedo permitirte seguir esa misma senda falsa de ensueños, que no te llevarán más que a despreciarte cuando acabaras por descubrir que no te ha conducido a ningún lado. He venido para enseñarte a vivir en paz contigo mismo, para que puedas realizar tu destino con un corazón satisfecho... y lo harás... si aprovechas mi don.

—Tu don... casi lo había olvidado...

—Tulo, mi don para ti es una cosa tan sencilla que temo que poca gente en la Tierra reconozca su valor o su poder. Es solo una colección de palabras que inicié hace muchas edades, mientras observaba la gloria y la caída de las civilizaciones terrenas, y sufría al ver el interminable desfile de una humanidad que marchaba de la cuna a la tumba sin luz que la guiara. Muchos sabían obededer reglas, leyes y aun mandamientos... pero pocos sabían vivir en paz, alegría y amor, en lo que debía haber sido la niñez de su inmortalidad. Escuché a sus grandes filósofos y profetas, santos, maestros y poetas, y lloré cuando sus palabras de consejo no eran escuchadas, se sepultaban con ellos y quedaban perdidas para las generaciones futuras. Decidí hacer algo para corregir este error... y empecé a conservar la sabiduría de las mentes más preclaras que han vivido aquí. Luego, después de unos mil años, más o menos, hice un pasmoso descubrimiento.

Tulo permanecía callado y escuchaba con mucha atención.

—Descubrí que los seres humanos más sabios y satisfechos, aunque estuvieran separados por continentes y siglos, llevaban una vida, tanto personal como pública, como si estuvieran regidos por un código de leyes diferente del resto de la humanidad. Coleccioné sus leyes junto con sus principios y secretos para una buena vida en una lista, y le di un nombre: "Credenda".

—¿Cccredenda? ¿Qué significa, estrella Akbar?

—Perdóname, Tulo. Siempre he tenido debilidad por el idioma de Séneca y Cicerón. Credenda es una palabra latina para designar materia de fe o doctrinas que deben creerse. Viene de su verbo *credere,* que significa confiar o creer.

—*Credenda* —repitió Tulo—. Suena extraña y... y... mágica.

—Es cierto. Suena extraña porque es una palabra que durante siglos casi no se ha usado en este planeta. Pero lo mágico Tulo... lo mágico está ya dentro de ti... ¡dentro de todos los seres humanos! Credenda no es más que la llave que deja salir lo mejor que hay en cada uno, con tal que lleve sus palabras en el corazón. Es tuya ... con tal que llenes dos requisitos ...

—¡Lo que sea, estrella Akbar, lo que sea!

—No hables hasta que oigas lo que voy a pedirte. En primer lugar, como sé que no eres una persona egoísta, deberás ir a ver a los dirigentes de tu aldea y a decirles que te gustaría colocarme donde quiera que ellos juzguen que sería más benéfico para el mayor número de gente en Kalvala. Diles que te atendrás a su decisión, con tal que convengan en traerme de nuevo aquí a este hermoso y singular árbol, tan pronto como vuelva el sol, para que yo pueda sujetarme a tu cometa y volver al cielo. Mira, Tulo esta vez, a diferencia de mi primera visita, cuando floté sobre la cueva, no puedo desprenderme por mí misma de los vínculos de la Tierra sin tu ayuda. ¿Lo harás por mí y por ti?

Tulo recargó con fuerza su pequeño rostro contra la áspera corteza. Su movimiento afirmativo fue casi imperceptible.

—Estoy segura, pequeño amigo, de que tendrás el valor y la caridad para cumplir mi deseo, porque sabes, en tu corazón, que es lo que debe hacerse. En cuanto a mi segunda petición ... tú llevas un diario, ¿no es así? Me refiero a aquel gran libro verde que recibiste cuando estabas recuperándote de tu accidente ...

—Sí .'... ¿cómo lograste ...? ¡Oh, se me olvidaba que sabes todo lo relacionado conmigo!

—Mañana, cuando vuelvas de ver a los dirigentes de la aldea, trae aquí el gran libro verde. Yo recitaré para ti todas y cada una de las palabras de Credenda, para que puedas consignarlas en tu gran libro. Las palabras son pocas, y con toda seguridad podremos terminar la transcripción antes de que vengan a moverme. Una vez que me haya ido de aquí, mi mayor deseo es que encuentres alguna manera de compartir Credenda con el mundo, para que muchos otros tengan la misma oportunidad de vivir una vida armoniosa, como la que yo te daré. ¿Estás de acuerdo con todo?

—Sí, estrella Akbar. Haré todo lo que me pidas.

—Muy bien. Estamos de acuerdo. Ahora debo descansar. En toda mi vida no había hablado tanto de una vez. Temo que mi nivel de energía esté muy bajo. Sin embargo, mañana estaré en toda mi plenitud. Que tengas buen día, Tulo. Te amo mucho, hombrecito.

—Yo también te amo, estrella Akbar.

La luz del árbol de las estrellas guió a Tulo hasta la cabaña. Al llegar, dio a Jaana la noticia, que la hizo feliz, de que había decidido dar su estrella al pueblo. Luego se sentó ante la mesa de la cocina y practicó para el día siguiente, escribiendo en el gran libro verde todo lo que podía recordar de su conversación con Akbar . . .

Concluyó su redacción, con fecha 17 de diciembre, con las siguientes palabras:

Ahora entiendo por qué hay tantas estrellas en el firmamento.

Cuánta solicitud de Dios al asignar a una estrella particular el cuidado de cada uno de nosotros. Si todos conocieran este secreto, con toda seguridad nunca perderían la esperanza, ni se sentirían solitarios mientras vivieran.

Hoy he aprendido tanto... Sin embargo, hay algo que todavía no entiendo: ¿por qué yo, entre los miles de millones de personas que viven en este mundo, tuve como estrella especial a la misma que estuvo de guardia sobre la pequeña gruta de Belén, hace tanto, tanto tiempo?

¿Por qué?

12

Tuntu Van Gribin, presidente del consejo de la aldea de Kalvala introdujo a sus tímidos visitantes a una gran sala con paredes recubiertas de papel tapiz y muy iluminada por ocho gruesas velas, tres lámparas de petróleo y un hogar crepitante.

El alcalde —título que Van Gribin se había atribuido en forma extraoficial— hizo entrar su rechoncha figura en el hueco de una silla de mimbre, quedando frente a Tulo y Jaana. Luego dijo jadeante:

—¡Vaya, vaya! Este sí que es un honor. Pensar que tengo como huéspedes a la única pareja del mundo que posee su propia estrella... ¡Sorprendente... pasmoso! Quisiera poder entretenerme largamente con ustedes, pero en menos de una hora estaremos celebrando aquí una reunión del consejo, para ver qué medidas podemos tomar para hacer frente a esta terrible crisis que nos ha caído encima. Las provisiones de alimento y combustible son muy escasas, las velas son tan raras como un diamante, y las líneas de corriente eléctrica están sepultadas bajo toneladas de nieve. Somos una balsa de vida en medio de un océano de terror. Es terrible, terrible. Sin embargo, encontraremos un camino. No hay que temer. Nada de temor ... Ahora, díganme ustedes, gentiles niños, ¿qué están haciendo aquí, cuando tienen un tesoro tan reconfortante en casa?

Con timidez, Tulo restregó sus mojadas botas sobre el gigantesco tapete de piel de oso negro que tenía bajo la silla, y dijo mascullando:

—Señor, hemos venido a ofrecer nuestra estrella a la aldea, para que todos puedan gozar de su luz.

—¿Qué cosa? —exclamó Van Gribin—. No puedo creer lo que estoy oyendo. Ustedes ... ustedes dos ... ¿están dispuestos a renunciar a su preciosa estrella por el bien de la aldea?

Los dos niños asintieron con un movimiento de cabeza.

—¡Esto es pasmoso! Es un milagro casi tan grande como el que la estrella esté aquí. Y, ¿dónde querrían que se le colocara?

Tulo sacudió la cabeza.

—No sabemos, señor. Dejamos eso al juicio de usted.

—¡Oh no, no ... a mi juicio no! Con toda seguridad, no ... pero, esperen ... los miembros del consejo no tardarán en llegar. Dejemos que ellos decidan. Es la forma oficial ... y estoy seguro de que también legal. Sí, sí. Dejaremos que el consejo decida. ¡Todavía no puedo creerlo! ¡Vaya, vaya!

Los otros miembros del consejo de la aldea eran Finn LaVeeg el dueño de la tienda, el pastor Erno Bjork, de la iglesia, Arrol Nobis el maestro de la escuela y Hjorta Malni, el único médico en muchos kilómetros a la redonda.

Una vez que todos se sentaron en torno a la gran mesa del comedor de Van Gribin, y que Tulo y Jaana se acurrucaron juntos en el extremo, el alcalde pidió orden, pasó por alto los demás asuntos, y en tono dramático anunció el donativo inapreciable que la aldea acababa de recibir, de parte de los dos jóvenes visitantes.

Un prolongado y sonoro aplauso hizo eco a sus palabras. Volvió a imponer silencio con un golpe sobre la mesa, y con su mejor voz de presidente del consejo declaró:

—Queda abierta la discusión para recibir sugerencias del estimable consejo acerca del sitio más beneficioso para colocar la estrella. Pastor Bjork, ¿sería tan amable de iniciar la discusión?

El pastor se puso de pie. Su impotente figura destacó en medio de los demás. Levantó los brazos como si estuviera en su púlpito y se dirigió a los niños:

—Amigos míos, hoy hemos sido bendecidos en forma extraordinaria, al participar en uno de los actos más nobles que la Tierra haya contemplado jamás. El hecho de que estos dos hermosos niños, cuyos padres conocimos y amamos todos nosotros, vengan aquí, por propia decisión a ofrecer a sus vecinos su más preciado tesoro, sin pensar en ninguna retribución o recompensa, es caridad y amor de lo más aquilatado.

Jaana dirigió una mirada insegura a Tulo. Este se encogió de hombros. El pastor continuó:

—Estoy de acuerdo en que aquí somos las cinco personas que de una u otra manera prestan sus servicios a todos los habitantes de Kalvala... Sin embargo, con el debido respeto a este consejo, opino que la decisión sobre el lugar en que debe colocarse la estrella no debe tomarla nadie más que sus dueños, Tulo y Jaana Mattis.

La cara de LaVeeg, el dueño de la tienda, se iluminó, mientras decía algo entre dientes. Los demás guardaron respetuoso silencio. El pastor Bjork concluyó:

—Propongo que cada miembro exprese sus preferencias en cuanto a la nueva ubicación de la estrella y dé razones para apoyarlas. Después... dejaremos que los niños decidan... y mi opinión es que nos atengamos al juicio de ellos.

Arrol Nobis respondió inmediatamente:

—¡Yo apoyo las dos mociones!

Finn LaVeeg se puso de pie sin esperar a que se le concediera la palabra. Miró a los dos chicos e hizo el esfuerzo por esbozar una especie de sonrisa, hasta dejar salir sus dos dientes amarillos. Su voz fue casi un gemir constante, mientras recordaba a la asamblea, una y otra vez, cuán importante era su tienda para la vida de la aldea, y cómo era imposible que atendiera en forma debida a sus clientes en la oscuridad. Concluyó su largo soliloquio dando un golpe en la mesa con su huesudo puño y ratificando en tono exigente:

—Ustedes deben permitir que la estrella ilumine mi gran almacén, ¡o la vida de esta aldea se extinguirá!

Arrol Nobis, en cambio, hizo una tranquila y breve exposición del valor de la educación y de su incapacidad de enseñar a los niños sin luz. Explicó con paciencia que cada día de estudio perdido era un daño irreparable. Concluyó sus observaciones en estos términos:

—Les pido su estrella, no para mí sino para los ciudadanos del mañana. Está en manos de ustedes el suministrarles la preciosa luz del conocimiento.

El doctor Malni manifestaba pena de tener que hablar, pero recordó en tono inseguro a la asamblea que su pequeña clínica ofrecía la única atención médica de que disponía la aldea. Citó las vidas que se habían salvado y los bebés que habían venido al mundo durante el último año. Incluso mencionó el trabajo hecho en la rodilla de Tulo. Terminó con esta declaración:

—Nuestra clínica estará pronto en completa oscuridad. Si llegaran a necesitarse mis servicios, la luz de la estrella podría significar la diferencia entre la vida y la muerte para alguien...

El último en hablar fue el pastor Bjork. Habló del milagro que había bendecido a esa tierra y de la mano de Dios que había guiado a Tulo para enviar su cometa hasta la estrella. Su iglesia —añadió en tono sombrío—, que debía ser un refugio para todos en esos momentos de peligro, estaba vacía y en tinieblas, puesto que él había repartido casi todas sus velas y combustible entre los necesitados. Respiró profundamente, y con una inclinación de cabeza hacia Tulo y Jaana, dijo:

—Con la mayor humildad les pido que el milagro de Dios se ponga en la casa de Dios . . . su iglesia.

Después, los ojos de todos se volvieron hacia los chicos. Tulo miró con desesperación a su hermana que parecía estar a punto de romper a llorar. Se mordió el labio y musitó impotente:

—¡No sé qué hacer . . . no sé!

Durante los críticos minutos que siguieron, la sonrisa de satisfacción del alcalde Van Gribin fue desapareciendo poco a poco a medida que resultaba evidente que Tulo y Jaana no podían llegar a una decisión. Al fin él tronó los dedos con fuerza y anunció:

—Señores, creo tener la respuesta. Mis largos años de experiencia en asuntos de conciliación, me enseñan que no hay más que una solución a nuestro problema. A todas luces, para estos niños es más difícil de lo que preveíamos, rechazar a tres de ustedes. Por eso propongo . . . propongo —hizo una pausa solemne— . . . ¡propongo que se divida la estrella en cuatro partes iguales! En esa forma, toda la población, a través de la escuela, la iglesia, la clínica y la tienda compartirá la misma cantidad de luz durante esos días tenebrosos. Será menos luz, ¡pero habrá equidad! Con cuerdas y poleas podemos bajar fácilmente la estrella del árbol, y luego con martillo y cincel haremos cuatro estrellas y todas las partes quedarán satisfechas.

Luego el alcalde se hundió en su silla, respirando con fatiga.

—¡No, jamás!

La voz de Tulo se escuchó vibrante en el recinto.

—La estrella no puede romperse. Si la hiciéramos pedazos no podría volver a ocupar su lugar en el cielo. Cuando pasen las tinieblas, voy a sujetarla de nuevo a mi cometa para enviarla a su hogar en el firmamento. No podemos conservarla. Además, ¡tiene derecho a contar con una oportunidad de crecer, como lo tenemos nosotros!

El alcalde Van Gribin retorció los labios y rebatió:

—No es más que un pedazo de roca que casualmente es ígnea. Tú hablas como si estuviese viva. Joven, temo que hayas leído demasiados cuentos de hadas.

LaVeeg se retiró de la mesa con violencia y se precipitó hacia los azorados chicos, de suerte que su largo y retorcido índice pudo agitarse frente a sus caras, llenas de tensión:

—¿Se proponen acaso conservar la estrella para esa miserable cabaña que llaman su hogar, mientras muchos otros podrían beneficiarse con ella? ¡Qué egoístas son!

Luego se dio vuelta y señaló con ira al alcalde:

—Y... ¿por qué estamos perdiendo este tiempo precioso suplicando a un par de huérfanos tontos que concedan algo que pertenece a toda la aldea?

—La eeeestrella es nuestra —exclamó Tulo.

—¡Oh no, no es así! —gritó LaVeeg y señaló con un movimiento de cabeza a Arrol Nobis—. ¡Qué! ¿Acaso tan

115

brillante maestro no te ha enseñado lo que es el "dominio eminente"?

Las dos cabecitas rubias se sacudieron con fuerza.

—¡Ah, pues muy bien! El dominio eminente es el derecho que tiene el gobierno de apoderarse de cualquier propiedad privada para uso público, mediante una adecuada compensación para el propietario. Propongo, caballeros del consejo, que nos apoderemos de la estrella en virtud de un decreto de dominio eminente y...

—¿Por qué todos ustedes no comparten la estrella en otra forma? —interrumpió una débil voz.

Todas las cabezas se volvieron hacia Jaana que sonreía.

—Cada uno de ustedes —siguió diciendo— tenga la estrella durante dos semanas. Al final de ese tiempo, el sol ya habrá vuelto. Incluso pueden echar suertes para ver a quién le toca primero.

El único ruido que se oyó en el recinto fue el de los leños que ardían en la hoguera. Al fin, el pastor Bjork juntó las manos apretándolas y susurró con voz ronca:

—¡De la boca de los infantes...! Hemos sido testigos, una vez más, de que todos los niños son apóstoles de Dios... enviados para enseñarnos amor, caridad, olvido de nosotros mismos, compasión y esperanza. Hoy Kalvala ha recibido una verdadera bendición. Propongo que aceptemos la sugerencia de Jaana Mattis, cuya sabiduría supera con mucho su edad.

116

La moción fue aprobada y puesta en práctica. Con disgusto de todos, excepto de él mismo, Finn LaVeeg ganó el primer turno. La estrella iluminaría su tienda durante catorce días. Le seguiría la escuela, luego la clínica y al final la iglesia. Se hicieron todos los arreglos para que la estrella se trasladara al día siguiente.

De regreso a casa, Tulo y Jaana bajaron la cabeza al acercarse a su cabaña. No tenían valor de mirar hacia el prado.

A pesar de su aflicción, Tulo escribió todo lo acaecido en el gran libro verde.

13

El octavo día, la tormenta empezó a disminuir y una media luna pálida saludó a los madrugadores de Kalvala. Sin embargo, todavía no había motivo de alegría para la desolada aldea. Más de la mitad de sus renos había muerto de hambre, al no haber podido escarbar en la enorme acumulación de nieve, para encontrar el nutritivo liquen sepultado bajo ella.

Tan pronto como despertó, Tulo fue con su gran libro verde hasta el prado. Akbar estaba silenciosa, hasta que el chico se paró directamente debajo del árbol.

—¡Vamos, vamos! Debo decir que luces demasiado deprimido para ser el primero que va a redactar una copia terrenal de Credenda. Yo pensaba que el ver al fin todos mis siglos de investigación redactados en papel, aunque no fuera pergamino, sería una experiencia emocionante. Ahora ya no me siento tan segura.

Tulo dejó caer contra el árbol su gran libro verde y replicó con desaliento:

—Hoy vendrán por ti, estrella Akbar.

—¡Oh, oh! Debí suponerlo. Me cuesta mucho mantenerme al día en cuanto a noticias desde este punto tan bajo. ¿Así que lo lograste? ¿Me cumpliste tu primera promesa?

Tulo afirmó con un movimiento de cabeza.

—La tienda, la iglesia, la escuela y la clínica te tendrán, cada una durante dos semanas, antes que yo te devuelva al firmamento con mi cometa.

—¡Excelente! Me parece un solución brillante a un problema difícil.

—La idea fue de Jaana. Ellos querían dividirte en cuatro partes.

—Les agradezco a ustedes dos el haberme salvado la vida. Pero ahora no te pongas tan triste... Todavía podremos seguir viéndonos diariamente.

—No puedo evitarlo, estrella Akbar. Sé que estamos haciendo lo debido, pero no puedo soportar la idea de renunciar a ti. Primero papá, luego mamá... y ahora tú. Te quiero cerca, porque eres mi mejor amiga. No me importaría que no tuvieras luz ni calor. Renunciaría a todo, incluso a tu don, con tal de tenerte cerca de mí.

El color de la estrella se desvaneció hasta convertirse en un rosa oscuro.

—Por favor no llores, mi querido amigo. Estoy muy orgullosa de tu acto de renuncia. No es fácil dejar de ser egoísta en este planeta. Los humanos fracasan más en este campo que en cualquier otro... Apenas se dan cuenta de que con su egoísmo están trocando su día de mañana por un poco de polvo. ¡Qué tristeza! En fin, no cabe duda que tú has cumplido tu parte del trato. Déjame pues cumplir la mía antes que lleguen. ¿Estás preparado para redactar Credenda?

Tulo hizo una seña afirmativa y abrió su gran libro verde en la primera página en blanco. Mientras se sacaba el lápiz del bolsillo, irguió la cabeza y preguntó:

—Estrella Akbar, si vivo según las palabras de tu don, ¿ellas me harán rico y famoso?

De la parte superior de la estrella se levantó un verdadero manantial de centellas de todos colores:

—¡Jovencito! Esto es lo primero que tienes que aprender: la riqueza y la fama son tan efímeras como el viento. Las dos perecerán siempre, y las cosas que están destinadas a perecer no acarrean placer a nadie. Cualquier cosa que quieras de la vida, no olvides jamás que si tienes que trabajar con ahínco para conseguirla . . . y luego con mayor ahínco aún para conservarla, tu objetivo es vano. Todos los ingenios terrenales verdaderamente preclaros han escrito o anunciado de viva voz ese mensaje, en una u otra forma, pero los seres humanos tienen ojos que no ven y oídos que no oyen y mentes que no razonan. Nunca será feliz el hombre mientras no cese en su vana búsqueda de la piedra filosofal.

Tulo se sentía desconcertado.

—En todo lo que he leído no he encontrado nunca nada sobre la piedra filosofal.

Las centellas dejaron de caer.

—Los terrícolas han estado buscando neciamente durante épocas enteras la piedra filosofal. Se supone que es una sustancia mágica que haría capaz al que la encontrara de cambiar metales básicos como el plomo y el cobre en oro y plata. Y se cree que a esto le seguiría, con toda seguridad, la felicidad y el bienestar. ¡Qué ridiculez! ¡La mentira más grande que se haya propagado en la Tierra es que el dinero puede hacerte feliz! La siguiente es que el éxito y la fama merezcan algún sacrificio.

—Estrella Akbar... ¿dónde está... esa piedra filosofal?

—¡No hay piedra filosofal! —rugió la estrella, haciendo que todo el árbol se estremeciera—. No hay ahora ni ha habido jamás un camino fácil para vivir bien, sin violar las leyes de la naturaleza... Te aseguro que cada vez que violes esas leyes... ¡estarás condenado al fracaso! Yo he visto que quienes siguen la senda corta hacia la fama o la fortuna no hacen más que brillar por un momento antes de hundirse en las tinieblas perpetuas, como nuestros necios meteoros. ¡Basta de hablar de ellos! ¡Vamos a lo nuestro! Empecemos nuestro trabajo tú y yo.

Tulo se apoyó en el árbol y dijo:

—Estoy listo.

—Es muy simbólico, querido hombrecito, que conserves Credenda en ese libro. Quizá no sepas esto, Tulo, pero un libro mayor, en la contaduría de la Tierra se llama "libro de asientos definitivos". En él se registran todos los activos y pasivos de un negocio... Ahora bien, mi lista no es más que una sencilla guía para ayudar a cualquiera a llevar el balance de los activos y pasivos de su vida. Tu gran libro verde será un cáliz perfecto para...

De pronto aparecieron, allá en la oscuridad detrás del prado, las luces vacilantes de tres lámparas de queroseno. El chico puso a un lado el libro y se levantó de un salto, poseído del pánico.

—¡Oh, no... no! ¡Estrella Akbar, ya vienen por ti y todavía no hemos empezado siquiera a escribir! ¿Qué hacemos... qué hacemos?

La estrella respondió con voz tranquilizadora:

—Haz lo que cualquiera debe hacer siempre cuando se encuentra en una situación difícil: manténte firme. Tendremos muchas horas para estar juntos después que me hayan llevado de aquí. Recibirás mi don. No temas. Ahora haz que me sienta orgullosa de ti: conserva la calma.

Antes que Tulo pudiera contestar, el tío Varno estaba ya a su lado, con un enorme rollo de cuerda muy gruesa y con un aspecto que era a un tiempo de enojo y de renuencia. Detrás de Varno se hallaban los cuatro miembros del consejo con su sonriente alcalde.

Varno puso la mano sobre el pequeño hombro de Tulo, hizo un leve movimiento con la cabeza, frunciendo el ceño a los demás, y preguntó:

—¿Es verdad que les has dado permiso de llevarse tu estrella?

—Sí, tío.

—Y, ¿tomaste esa decisión por tu libre voluntad y determinación, sin presión o influjo de nuestro ... nuestro distinguido alcalde ... o de alguno de estos otros caballeros?

—Jaana y yo comprendimos que no debíamos guardar la estrella para nosotros, cuando podía servir a tantos otros.

—Muy bien. Entonces debemos proceder. Aleja a tu hermanita de este árbol, para que los dos estén a salvo cuando saquemos de aquí la estrella.

—Por favor ten cuidado, tío.

Varno sonrió y dijo:

—¿Cuidado por mí ... o por tu preciosa estrella?

Los dos chicos observaban las maniobras con preocupación. El alcalde y el maestro de la escuela condujeron a los cuatro renos hasta que el trineo quedó exactamente bajo el árbol. Una pequeña mano se introdujo en la de Tulo, y él pudo sentir los sollozos que sacudían el cuerpecito de su hermana que se recargaba con fuerza en él.

Subido en el árbol, Varno dio varias vueltas a la estrella con su cuerda, hasta sujetarla con seguridad. Hizo varios nudos. Luego trepó a la siguiente rama e hizo que el resto de la cuerda diera vuelta sobre la que tenía encima, formando una polea, para poder levantar la pesada esfera y sacarla de su cuna de hojas de árbol. Luego lo harían oscilar, alejándola del tronco, para bajarla al trineo.

126

Varno hizo una seña al alcalde, y todos los miembros del consejo aferraron la cuerda y tiraron de ella. El árbol se estremeció cuando su enramada dejó salir aquella carga. La estrella no tardó en quedar libre. Podía vérsela dando vueltas lentamente, sobre el fondo de un firmamento color azul negruzco.

—Parece un adorno gigantesco de árbol de Navidad —sollozó Jaana.

Nadie más dijo una palabra, mientras la estrella cambiaba color, pasando del plateado al rojo y al dorado, y oscilaba con delicadeza y majestad, suspendida de la cuerda. Tulo apretaba los puños con fuerza al ver a Akbar descender, centímetro por centímetro, hasta el trineo.

De pronto, un grito angustioso de Varno llenó la pradera.

—¡Aprisa, aprisa! ¡La cuerda está a punto de romperse! ¡Bájenla con más rapidez... pronto, pronto!

Los que sujetaban la cuerda maniobraron con la mayor habilidad posible, pero su respuesta fue todavía demasiado lenta. Como un péndulo gigantesco, la estrella se apartó del árbol, se deslizó entre las debilitadas fibras de la cuerda y se estrelló contra el suelo, produciendo un manantial de centellas.

El prado quedó sumido en las tinieblas.

—Tío Varno —gritó Tulo, precipitándose hacia la estrella—, ¡la hemos matado... la hemos matado! Murió la luz de la estrella Akbar. ¡Ha muerto la estrella Akbar!

Tulo se dejó caer sobre las cenizas grises, todavía calientes, medio enterradas entre el liquen.

—¡Estrella Akbar, lo siento... lo siento! Debiste haberte quedado en el firmamento. Ahora estás muerta por haber querido ayudarme. ¡Lo siento!

Arrol Nobis fue el primero en hablar, mientras el cuerpo de Tulo seguía tendido sobre la estrella inerte.

—Fue la codicia la causante de esta tragedia —murmuró, mirando con enojo a LaVeeg.

—La torpeza es una explicación mejor —chilló el aludido, apuntando con su linterna en dirección a las cuerdas rotas.

El pastor Bjork levantó la mano... y la voz:

—Dios ha hablado. Es otra advertencia de las consecuencias que pueden sobrevenirnos si seguimos violentando el curso de la naturaleza. Nuestras carreteras de concreto profanan los bosques del Omnipotente, nuestras minas movilizan sus montañas, nuestras fábricas contaminan su aire. Esta estrella, como todas las demás del cielo, era una joya en la orla del manto divino. No teníamos derecho a codiciarla para nuestros propósitos mezquinos. ¡Que Dios perdone nuestra transgresión!

—Caballeros —suspiró el alcalde en tono sombrío—, nada de lo que digamos podrá devolver la luz a esta amable estrella. No podemos convertir las cenizas en polvo de oro. Volvamos a nuestros hogares y pongámonos en oración para encontrar otra solución a nuestra crisis.

Cuando todos se habían marchado, Varno se acercó a sus sobrinos, que permanecían arrodillados junto a la estrella caída.

—Hijos míos, ya no tienen nada que hacer aquí. Déjenme llevarlos conmigo a casa.

Tomó a Jaana en brazos, mientras Tulo avanzaba cojeando hacia el árbol, para recoger su libro. Luego volvió al lugar de las cenizas y frotó las manos sobre la áspera superficie, que ya se sentía fría.

—Te ruego que me perdones, estrella Akbar. Te dije que quería conservarte junto a mí, aunque no tuvieras luz ni calor ... Mi deseo ha quedado satisfecho ... Fue un deseo que jamás debí formular ... ¡Cómo quisiera estar muerto yo también!

El árbol de las estrellas gimió ante el ímpetu del viento.

14

Mientras el alcalde Van Gribin roncaba despreocupado en una cama abrumada de cubiertas, los miembros de su consejo no lograban conciliar el sueño después del trágico acontecimiento de la pradera.

Finn LaVeeg, amargado por el repentino cambio de su suerte, recorría iracundo los sombríos pasillos de su tienda desierta, apenas iluminada por dos pequeñas velas de sus mermadas existencias. Ya no lograría las ventas y ganancias que se había prometido antes que volviera el sol y se despejaran los caminos. Se golpeó la cabeza contra un anaquel lleno de productos envasados, y maldijo a todos, desde el alcalde hasta Tulo Mattis.

Hjorta Malni hizo la última visita del día a los dos pacientes de su pequeña clínica, y apagó las dos lámparas de petróleo después de añadir una manta a cada cama. Sabía que, de no presentarse una emergencia, su combustible duraría cuatro días; pero si había que usar la sala de operaciones, se consumiría en poco tiempo.

Arrol Nobis se sentó ante el escritorio de la escuela, que presentaba un aspecto sombrío. Se puso a dibujar pequeñas estrellas sobre una libreta amarilla, mientras el pabilo de una velita de cumpleaños parpadeaba, cercano a la extinción. Su situación parecía desesperada. Era seguro que la escuela se cerraría oficialmente y en Kalvala, la costumbre era pagar al maestro solo los días que trabajara.

—Este invierno —se lamentó— será el más frío en muchos sentidos.

Erno Bjork estaba sentado solo, en su oscura iglesia, repasando las circunstancias extraordinarias de los últimos días. ¿Cuándo se había producido el último milagro en la Tierra? ¿Qué prueba tenían ellos para el mundo de fuera? Nadie creería en la palabra de aldeanos sencillos e incultos que, con actitud típicamente sami, tal vez ni siquiera querrían revelar nada a los extraños. Desde luego, estaba allí un pedazo de roca carbonizada a medio enterrar... Sacudió la cabeza y pidió ayuda a Dios.

LaVeeg fue el primero en llegar a una posible solución a la crisis. A pesar de la hora tan avanzada, con ayuda de su trineo y de dos viejos renos, se abrió camino entre la ventisca, hasta la cabaña de los Mattis.

—Jovencitos —dijo el tendero a los niños, cuyos ojos estaban enrojecidos por haber sido despertados en forma tan descortés—, tengo una respuesta brillante para nuestro problema. ¡Solo a mí podía habérseme ocurrido!

Tulo y Jaana se frotaron los párpados y esperaron con paciencia.

—¡Ustedes deben echar a volar su cometa para capturar otra estrella! Lo hicieron una vez... pueden hacerlo otra, no cabe duda. Lo que es más importante: tienen todo el cordel. Fue muy muy inteligente de su parte el comprar toda mi cuerda, de lo contrario, la aldea entera estaría ahora tratando de pescar estrellas. Solo tú puedes salvar a la aldea, mi muchachito. Encuentra otra estrella y déjame conservarla hasta la primavera, y tu recompensa será grande. Recuerdo que tu madre siempre hablaba de enviarte a la universidad. Tráeme una estrella y compartiré contigo todas mis ganancias del invierno: más que suficiente para pagar tu colegiatura de un año por lo menos. ¿Qué me dices?

Tulo sacudió la cabeza, todavía soñoliento, sin poder salir de su asombro.

—¿Otra estrella, señor LaVeeg? No sé... no sé...

—Vamos, vamos, piensa bien. Es la gran oportunidad para que hagas algo grande con tu persona... Y quizá sea la última. Mi oferta no va a esperar. Es ya más de medianoche. Comunícame tu decisión a mediodía... hoy mismo. ¿Entendiste?

Aquella mañana, muy temprano, mientras los chicos estaban todavía en cama, alguien llamó de nuevo a su puerta. Cuando Jaana abrió, la corpulenta figura del pastor Bjork llenó la entrada.

La niña preparó un poco de café. El clérigo, nervioso, tomó unos tragos de su taza y luego dijo:

—Chicos, he querido venir para expresarles en persona y en forma privada mis condolencias por su gran pérdida. Sabemos que lo que Dios da, puede quitarlo, pero este milagro admirable y su precipitada desaparición de entre nosotros es un misterio que no podemos juzgar. He estado orando para recibir luz y creo que Dios ha oído mis súplicas. Tulo y Jaana, ustedes deben echar a volar de nuevo su cometa. Mándenla a los cielos, y si atrapan otra estrella, por favor tráiganla a la iglesia para que reconforte y dé valor a nuestra gente. Háganlo y yo les recompensaré con lo único que tengo . . . orando todos los días por su felicidad eterna.

No había pasado una hora, cuando el doctor Malni llegó también a la cabaña. Volvió a darles el pésame por lo sucedido y con toda cortesía preguntó a Tulo cómo estaba su rodilla. Luego explicó:

—Hijo, creo que mi clínica ha prestado servicio a la aldea durante largos años, muchas veces sin cobrar nada. Mi provisión de combustible es mínima. Si alguien sufriera un lamentable accidente, como sucedió a ti, yo no podría operar en la oscuridad. Creo que tu magnífica cometa debe volar de nuevo. Mándala a lo alto. Déjala realizar su obra mágica y capturar otra estrella . . . Luego tráemela a la clínica para que pueda iluminar la vida de los que son menos afortunados que nosotros.

Tulo sonrió cohibido.

—El pastor Bjork ya me ha dicho . . .

—¿Ha venido el pastor a hacerte la misma sugerencia?

—Sí ... y también el señor LaVeeg.

El doctor Malni palideció. Extendió el brazo para tomar su capa y se despidió:

—No me lo imaginaba ... Sin embargo, te suplico ... recuerda por favor a nuestra clínica, si decides hacer otro intento.

Arrol Nobis llegó antes del mediodía. Lucía un color gris y sus ojos estaban entrecerrados por la falta de sueño.

—Tulo, iré al grano sin rodeos. Creo que es posible, desde el punto de vista matemático, que si haces exactamente lo mismo que hiciste antes, logres atrapar otra estrella. He venido a pedirte que lances de nuevo tu cometa ... por el bien de los estudiantes, que son tus amigos y condiscípulos ...

El intento de respuesta de Tulo se vio interrumpido por el joven maestro, que extendió las palmas de las manos, como solía hacerlo en clase, para añadir:

—Tulo, captura otra estrella para los niños y yo haré todo lo que esté en mi mano para que se te inscriba en la universidad el año entrante, con una beca. Tengo amigos e influencias en ese lugar. Incluso te daré clases especiales para que puedas pasar con facilidad el examen de admisión.

El maestro salió a toda prisa, dejando sin habla a sus dos alumnos.

A primera hora de la tarde, llegó otro visitante. Era el tío Varno. El brillo de su pesada lámpara se reflejaba sobre la expresión de asombro de su rostro. Se detuvo a la entrada y señaló el prado con el dedo.

—Sobrino, ¿has estado hoy en el sitio de tu árbol de las estrellas?

—No. ¿Por qué?

Varno sonrió en forma misteriosa

—Ustedes dos, pónganse ropa abrigadora y vengan conmigo.

El tío caminaba por delante, procurando que su linterna iluminara únicamente el sendero nevado que tenían delante. Cuando al fin llegaron a la suave pendiente, a menos de cuarenta metros del árbol, Varno hizo oscilar la linterna en dirección de la base del tronco y exclamó:

—¡Miren, miren . . . y admiren!

A Tulo le pareció que todos y cada uno de los renos supervivientes de su muy mermada grey se habían congregado y se agazapaban en líneas circulares en torno al árbol, contemplando las cenizas grises que estaban bajo su enramada. Lo hacían con tal atención, que ni el rayo intenso de la linterna de Varno lograba perturbarlos.

Jaana susurró:

—Escucha, Tulo, ni siquiera gruñen, como suelen hacerlo. Yo no oigo más que el viento.

Tulo preguntó:

—¿Por qué están haciendo eso, tío?

Varno se encogió de hombros y sacudió la cabeza.

—Tú eres el taumaturgo, sobrino. Pensé que sabrías. He vivido con renos todo el tiempo y nunca los había visto actuar así. Se portan casi como si se hubieran reunido a presentar sus respetos a tu estrella caída ... es algo que nunca hacen a la muerte de uno de los suyos. ¡Míralos! Aun cuando un lobo atacara al rebaño en este momento, dudo que uno de ellos siquiera parpadeara. Esto supera toda mi capacidad, lo mismo que cada uno de los acontecimientos de la semana pasada. Pero, si esas pavesas hacen que nuestros animales actúen en esa forma, tal vez deberíamos enterrarlas.

—¡No! —protestaron los niños con un grito.

Tulo se acercó más, pasando entre los renos, hasta quedar bajo el árbol. Se inclinó y acarició con suavidad la ceniza enterrada. La áspera superficie exterior pareció ceder a la presión de sus dedos. Se arrodilló y puso las palmas de las manos sobre los bordes circulares del cúmulo de residuos.

—¡Tulo, Tulo!

La llamada impaciente de Varno interrumpió la meditación del chico. Este regresó cojeando adonde estaban Jaana y su tío.

—¿Qué hacemos? —insistió Varno—. Después de todo, es tu estrella ...

Esta vez, la voz de Tulo era firme y llena de confianza.

—Yo sé qué hacer. Los renos son animales muy sabios, y creo que han venido a traerme un mensaje que sabían que yo comprendería.

—Tulo, por favor —gruñó Varno—. Estás diciendo necedades. Tu cabeza está llena de leyendas tontas y de cuentos populares de Navidad que has leído en tus libros. Un reno no es más que un reno.

Tulo levantó la mirada hacia el firmamento estrellado y repitió:

—Yo sé qué hacer.

—Dinos, por favor.

—Voy a echar a volar mi cometa otra vez... Si es la voluntad de Dios, encontraremos otra estrella que brille para Kalvala.

15

Aclamaciones y gritos de júbilo de los aldeanos saludaron al trío cuando apareció en el prado.

—Quizá debimos cobrar algo por el espectáculo —gruñó Varno, mientras luchaba en medio de los pliegues temblorosos de la cometa reconstruida, que él había insistido en llevar desde la cabaña, a pesar de la furia del viento.

El alcalde Van Gribin se acercó, acompañado de los cuatro miembros del consejo. Levantó la voz para que todos pudieran oírlo:

—¡Hiiiijoooo míooooo! Esta es una fecha histórica que el pueblo de Kalvala no olvidará nunca. No necesito decirte que nuestros mejores deseos están contigo en este valiente esfuerzo que haces por librarnos de nuestra calamidad invernal. El consejo entero se une a mí para . . .

—¡Tulo! —gritó el tío—. ¡Date prisa, por favor! No puedo sujetar este monstruo rojo por más tiempo. Quiere volar, y si no tengo cuidado, me llevará con él. Por favor... hagamos lo que sea preciso para lanzarlo al aire... ¡pronto, pronto!

Varno levantó la cometa cuanto pudo y esperó con ansias. Al fin, el árbol de las estrellas se doblegó bajo el ímpetu de una violenta ráfaga de viento. Tulo gritó:

—¡Ahora!

Varno lanzó la cometa hacia el firmamento, con un rugido de levantador de pesas. En ese mismo instante, la cometa se proyectó hacia lo alto, como si hubiera sido disparada por una catapulta.

Tulo necesitaba todas sus fuerzas para dominar la cuerda, que se desenrollaba quejumbrosa entre sus dedos. Pronto pudo sentir el calor de la fricción, que pasaba a través de sus guantes de cuero. Levantó la cabeza en el momento preciso para ver la cauda blanca de la cometa desaparecer entre aquella bóveda turbulenta de nubes cargadas de nieve.

Pasaron más de tres horas de agonía. Los aldeanos empezaban a inquietarse. A pesar del frío, el sudor cubría ya la cara de Tulo y él tenía en la boca la sensación y el sabor de la carne de reno seca. Un dolor punzante y agudo se le clavaba con insistencia en los hombros. Su rodilla derecha estaba dormida. La cabeza le palpitaba con fuerza, los ojos le ardían por el flagelar del viento. Quería desistir... darse por vencido... poner fin a la agonía... ¡pero no podía! Ese vuelo de la cometa era para él una deuda con Akbar... con mamá... y con toda la aldea.

De pronto, lo mismo que en el primer vuelo, el tirón de la cuerda hacia arriba cesó.

—¿Qué sucede, Tulo? ¿Hemos capturado algo?

—No sé, Jaana —repuso jadeante—. Así lo espero. Quédate junto a mí mientras trato de recoger el cordel.

Tulo tiró y la línea no ofreció resistencia. Siguió tirando hacia abajo con suavidad, una mano sobre otra, y la cuerda obediente continuó cayendo, hasta que el suelo en torno a sus pies quedó cubierto de lazo. Los ruidosos aldeanos cerraron el círculo en torno a él.

—¡La veo, la veo! —gritó con voz aguda una mujer.

—¡Yo también! —confirmó Jaana—. Es una luz... una luz... y viene acercándose. ¡Lo logramos, Tulo, lo logramos! ¡Tenemos otra estrella!

La muchedumbre se adelantó, empujando y abriéndose paso. Lloraban y reían mientras se empeñaban en felicitar y tocar a su joven héroe.

—¡Atrás!, —gritó Varno, levantando las manos para proteger a su sobrino. ¡Por favor... por favor... déjenle libertad... y tengan cuidado! Esa cosa puede matarlos si les cae encima. ¡Retrocedan por favor, se los suplico!

A cada tirón de la cuerda, la estrella descendía, flotando en silencio, con majestad, a través de las tinieblas, bañando las caras extasiadas con un aura de suave luz anaranjada. Con inusitadas lágrimas que le recorrían las ásperas mejillas, Varno observaba con admiración la forma en que Tulo guiaba con pericia su cometa y la pequeña estrella, hasta llevarlas exactamente sobre el árbol. Al fin, el chico hizo bajar con todo cuidado a su resplandeciente presa, hasta asentarla sobre las mismas ramas robustas que habían abrazado a Akbar.

Mucho después que el festejo había terminado en la pradera, cuando ya Jaana estaba en cama, Tulo, demasiado excitado para poder dormir, volvió al lugar de los hechos. Trepó por las ramas del árbol hasta quedar cerca de la estrella. Esta era menor que Akbar y su luz consistía en una serie siempre cambiante de tonos rosados y amarillos. La mano le temblaba cuando la levantó hasta tocar con suavidad aquella superficie dura y cálida.

—¡Qué hermosa eres! —suspiró—. Gracias por haber escuchado mi oración.

—No tienes por qué dármelas.

Tulo se aferró a la rama más cercana. De no haberlo hecho, habría caído al suelo.

—¿Otra estrella que habla? ¡No es posible!

—Jovencito, todas nosotras podemos hablar. ¿Ya has olvidado lo que Akbar te dijo? Lamento haberte azorado, pero pensaba que ya estarías acostumbrado a hablar con las estrellas.

—¿Sabes algo de la ... estrella Akbar?

—Sí, sí sé.

—La estrella Akbar ha muerto —susurró Tulo—. Mira su ... su ... cuerpo ... allí, bajo el árbol.

—¡Nunca debió haber venido aquí! Todas las estrellas le advertimos que esta misión era mucho más peligrosa que la que había cumplido con tanta perfección sobre Belén. Pero no mostraba la menor preocupación. Tenía gran fe en que tú la ayudarías a volver a los cielos una vez que realizara lo que se había propuesto. En su calidad de estrella guía para ti, estuvo siguiéndote desde que naciste. Muchas de nosotras tenemos por lo menos un ser humano al que cuidamos y tratamos de ayudar sin hacernos muy notorias. El mío es una pequeñita adorable de un lugar al que ustedes llaman Rhodesia. Al verte progresar tanto con tus escritos, Akbar se convenció de que tú eras algo muy especial. Luego tuviste ese lamentable accidente y perdiste la fe en ti mismo... ¡eso le molestó tanto! Fue la única vez que vi a Akbar en esas condiciones. Trató una y otra vez de influir en ti, pero tu mente estaba tan llena de sentimientos de derrota y de compasión por ti mismo, que fue imposible, aun para Akbar. Al fin decidió que su única esperanza de salvarte de ti mismo era descender hasta aquí.

Tulo bajó la cabeza.

—La estrella Akbar dio su preciosa vida por mí... un don nadie, de una aldea tan insignificante que nadie sabe siquiera de nuestra existencia, y a nadie le interesa.

—¡Muchachito querido, qué equivocado estás! Dios jamás ha creado un "don nadie". ¡Ah! Y no hay aldea tan pequeña que sea desconocida por su Creador o que no sea amada por Él. Además, no debes guardar duelo por esa amiga que es Akbar... ¡No está muerta!

—¡Oh sí! Lo está. Mira... allá abajo... sus cenizas... debajo del árbol.

—Repito que Akbar no ha muerto. Esas cenizas pueden haber sido suyas, pero así como tú dejarás tu cuerpo cuando te llamen al Reino perdurable... así también Akbar ha regresado allá, está en algún lugar... observándonos y escuchándonos ahora mismo... Estoy segura. Por supuesto, tendrá que empezar de nuevo su vida y su carrera, pero dentro de unos cincuenta mil años más o menos volverá a estar volando como antes. No pasará mucho tiempo...

Los ojos de Tulo recorrieron con júbilo el estrellado firmamento.

—¡Es la noticia más maravillosa que he oído en mi vida! ¡La estrella Akbar vive! ¡La estrella Akbar vive! ¡Oh, cómo quisiera volver a verla!

—La verás, jovencito... la verás.

—Gracias por traerme tan buenas nuevas... ¡qué ilusión!

—Yo me llamo Lirra.

—¿Lirra? Tu voz... es algo diferente de la de Akbar... como si tú fueras una... una...

—¿Una mujer? Lo soy. Soy mujer.

—¿De veras?

—Y, ¿por qué no? —preguntó la estrella—. ¿Qué te hace pensar que todos los seres celestiales sean varones? No lo son los terrestres...

—Lirra es un nombre bello. Tú eres muy bella.

La estrella brilló con un rojo escarlata.

—Gracias Tulo. Un cumplido sincero es una forma excelente de iniciar una amistad.

148

El chico permaneció callado un momento. Luego preguntó en tono inseguro:

—Estrella Lirra ... si la estrella Akbar se expuso a un riesgo tan grande por venir aquí a ayudarme ... ¿por qué estás tú aquí también? ¿El peligro no era igual para ti?

No hubo respuesta. Tulo insistió con firmeza:

—Estrella Lirra, ¿por qué viniste? ¿Por qué me dejaste atraparte con mi cometa?

La estrella brilló con inusitada intensidad.

—Tenía que venir. Akbar y yo habíamos sido íntimos durante mucho tiempo. Su mayor ambición era ver que este pequeño planeta, al que amaba tanto, alcanzara su máxima plenitud. Al principio yo no compartía sus sueños, ni creía que la Tierra mereciera tanto tiempo y dedicación de su parte. Una y otra vez señalé todas las horribles fechorías que los terrícolas realizan día tras día, por su abuso de la facultad de elegir. Akbar me respondió hablándome de sus grandes héroes, filósofos, santos, profetas, escritores e inventores. Luego me llevaba a volar alrededor de este planeta y me mostraba cientos de millones de terrícolas que luchaban a diario por mejorar la vida propia y la de sus hijos. Me convenció. Y, según Akbar tú, Tulo Mattis, estás destinado a ser una gran estrella de esperanza para todo el género humano.

—¿Una estrella de esperanza? Una vez mi madre dijo eso de mí ... y de mis escritos. Pero no sé cómo pueda suceder esto, estrella Lirra. Yo no soy nadie, soy parte de un rebaño que marcha sin rumbo, como nuestros renos. La vida se presentaba tan sin esperanza para mí, hasta que vino Akbar... Me habló de mí mismo, de la vida... pero todas mis esperanzas murieron de nuevo cuando Akbar se hundió.

Lirra cambió de tema en forma repentina, sin dejar que el chico continuara compadeciéndose.

—Jovencito, ¿qué piensas hacer conmigo? Supongo que no vas a dejarme aquí, en este hermoso árbol, para que ilumine este prado...

Tulo se frotó la frente y suspiró:

—Estrella Lirra, no sé qué hacer. Quise capturar otra estrella para ayudar a nuestra pobre aldea, pero después de oír los consejos de todos me encuentro muy confuso. Lo único que sí sé es que no voy a dejar que te lleven de un lugar a otro. Cualquier lugar al que decidan que debes ir:.. allí te quedarás hasta que vuelva el sol. Luego mi cometa te devolverá al firmamento, como pensaba hacerlo con la estrella Akbar.

Lirra suspiró:

—Iré a donde tú quieras, pero si yo pudiera escoger, elegiría la escuela. Amo a los pequeños, porque cada niño que nace es un nuevo pensamiento de Dios. Los humanos no deberían olvidar que no es poca cosa el que sus hijos, que les llegan tan directamente de la mano de Dios, los amen. Probablemente es mi corazón de mujer el que habla, en vez de mi mente, pero me encantaría iluminar un salón de clase, para los niños y niñas de Kalvala.

Tulo sonrió con tristeza:

—Muy pronto... te perderé a ti también.

—¡Jovencito, escúchame bien! Nada se pierde para siempre. Algún día... cuando estés de nuevo con mamá y papá y con Akbar y conmigo, entenderás. Tampoco has perdido el don de Akbar. Tú me preguntaste por qué vine aquí. Pues bien, Tulo, vine para honrar a Akbar, ayudándolo a hacer realidad sus sueños para este mundo... y para ti. ¡Vine a traerte su don!

—¿Credenda? ¿*Tú* tienes Credenda?

—Yo le ayudé a coleccionar toda la sabiduría que al fin él sintetizó en este sencillo pero hermoso trabajo. Yo sé Credenda de memoria. Cuando vi lo que había sucedido aquí la semana pasada, supe que tenía que venir cuando volaras de nuevo tu cometa.

—¡Entonces todavía hay esperanzas para mí! Estrella Lirra, ¿qué puedo decir? Esto es más de lo que uno merece. ¡Gracias por venir, gracias!

—Espera, Tulo, hay otro asunto de la máxima importancia, que debemos tratar. Akbar tenía la convicción de que un hombre valeroso, armado de fe, conocimiento y verdad, podría cambiar este mundo. Ya ha sucedido en otras épocas. Él quería que *tú* recibieras Credenda... pero recuerda que también quería que hicieras todo lo que estuviera en tu mano por compartir su don con los demás. Dime... ¿cómo piensas comunicar al mundo tu legado, para que puedan tomar a pecho sus palabras?

Tulo cerró los ojos y reflexionó sobre la tremenda pregunta de la estrella. Luego empezó a hablar entre dientes: "Palabras . . . palabras encuadernadas en piel . . . tu destino está más allá de Kalvala . . . estrella de esperanza . . . mira hacia arriba . . . sigue adelante . . ."

—¿Qué es eso? ¿Qué estás diciendo? —preguntó Lirra.

—Encontraré la forma, estrella Lirra, te lo prometo. *Encontraré* alguna forma.

—Muy bien. Dejo todo en tus manos. Vuelve aquí mañana con tu gran libro verde y te entregaré Credenda . . . palabra por palabra. Luego notificarás a tu maestro que tendrá un huésped hasta que vuelva el sol. Si él no puede utilizarme, iré gustosa a donde tú quieras. Buenas noches, amiguito.

La mañana siguiente, muy temprano, Tulo se vistió y salió de prisa hacia el prado. En menos de una hora, el don de Akbar había sido trasmitido, del mensajero celestial al correo terreno . . .

16

Credenda

Credenda

Aléjate de la muchedumbre y de su afán infructuoso de fama y oro. *Nunca vuelvas atrás la vista, una vez que hayas cerrado tu puerta al deplorable tumulto de la codicia y la ambición. Enjúgate las lágrimas del fracaso y el infortunio. Pon a un lado tu onerosa carga y descansa hasta que tu corazón haya recuperado la calma. Consérvate en paz. Es ya más tarde de lo que piensas, pues tu vida terrena, en el mejor de los casos, no es más que un parpadeo entre dos eternidades. Desecha todo temor. Nada puede dañarte aquí, solo tú mismo. Haz aquello que temes y aprecia con orgullo esas victorias. Concentra tu energía. Estar en todas partes es tanto como no estar en ninguna. Sé celoso de tu tiempo, porque es tu mayor tesoro. Recapacita sobre tus metas. Antes de permitir que tu corazón se aficione demasiado a algo, examina la felicidad de que gozan los que ya tienen lo que tú deseas. Ama a tu familia y ten muy presente tu ventura. Piensa con cuánto afán la buscarías si no la poseyeras. Haz a un lado tus sueños imposibles y lleva al cabo la tarea que tienes a tu alcance, por desagradable que sea. Todos los grandes éxitos resultan de trabajar y saber esperar. Sé paciente. Los retrasos de Dios no son negativas. Espera. Manténte firme. Ten presente que tu tesorero siempre está cerca. Lo que siembres, bueno o malo, eso será lo que coseches. Nunca culpes a los demás por tu situación. Eres lo que eres por decisión tuya; eso es todo. Aprende a vivir en una pobreza honrada, si así debe ser, y ocúpate en cosas más importantes que en llevarte oro a la tumba. Nada de hacer concesiones a la dificultad. La ansiedad es la herrumbre de la vida y cuando agregas las cargas de mañana a las de hoy, su peso resulta intolerable. Aléjate de la compañía del quejumbroso y da más bien gracias por tus derrotas. No las sufrirías si no las necesitaras. Aprende siempre de los demás. El que se enseña a sí mismo, tiene por maestro a un necio. Sé cuidadoso. No graves tu conciencia. Lleva tu vida como si tuvieras que pasarla en una palestra llena de gente chismosa. Evita la fanfarronería. Si ves en ti algo que te hincha de orgullo, obsérvate más de cerca y encontrarás materia más que suficiente para humillarte. Sé sensato. Date cuenta de que no todos los hombres han sido creados iguales, porque no hay igualdad en la naturaleza. Sin embargo, jamás ha nacido un hombre cuyo trabajo no haya nacido con él. Trabaja cada día como si fuera el primero, pero trata con ternura las vidas que tocas, como si todas debieran acabarse a medianoche. Ama a todos, incluso a los que te repudian; el odio es un lujo que no puedes permitirte. Busca a los menesterosos. Aprende que el que da con una mano recogerá siempre con las dos. Consérvate en buen estado de ánimo. Por encima de todo recuerda que se necesita muy poco para llevar una vida feliz. Mira hacia arriba. Camina siempre adelante. Aférrate a Dios con sencillez y recorre en silencio tu sendero hacia la eternidad, con caridad y con una sonrisa. Cuando partas, todos dirán que tu legado fue dejar un mundo mejor que el que tú encontraste.*

17

Jaana arrebató el freno, de la mano abierta de su hermano y tiró de él con toda su fuerza, hasta que el trineo paró.

—Tulo, ¿qué te pasa?

—Nnada . . . ¿Por qué?

—Creí que íbamos a la escuela a decir al señor Nobis que le daríamos nuestra estrella.

—Allá vamos.

—Tulo —insistió la niña, sacudiendo la cabeza con desesperación—, ya dejamos la escuela atrás . . . ¿Estás enfermo? No has dicho una palabra desde que salimos de casa.

—Perdóname, Jaana —replicó el chico en un tono monótono, extraño e insólito—. He estado pensando en muchas cosas. Algún día lo entenderás.

Tulo volvió a tomar el freno e hizo que su viejo animal apuntara en dirección al lugar de donde venían. Varios perros, que no dejaban de ladrar, escoltaron su trineo, que ruidosamente se abría camino a través de

la oscuridad de la mañana, al rítmico golpe del casca-
bel que colgaba del cuello de Kala.

Encontraron a Arrol Nobis leyendo en su salón
vacío. Tan pronto como lo vio, Jaana dijo exabrupto:

—Señor, ¡vamos a darle nuestra nueva estrella para
la escuela!

La cabeza del joven maestro se sacudió como si le
hubiesen dado un golpe. Cuando logró recuperarse de
la sorpresa, se levantó y abrazó a los dos alumnos.

—Gracias, Tulo y Jaana. Su generoso ofrecimiento
me ha conmovido hondamente. Gracias a gente como
ustedes, Kalvala es un sitio hermoso, a pesar de sus tierras estériles y de su clima terrible.

El maestro volvió a su silla y bajó la cabeza. Su voz
sonaba apagada:

—Lo único que nos hace ricos es lo que damos, y
solo nos empobrece lo que nos guardamos. Mira, Tulo,
desde que fui a tu cabaña y te ofrecí ayuda para entrar
a la universidad, a cambio de tu estrella, me he sentido
muy avergonzado de mí mismo. Yo debí haber tratado
de ayudarte todo el tiempo... con amor. En vez de
hacerlo así, dejé que mi egoísmo pusiera precio a mi
amistad y traté de obligarte a asegurarte el futuro con
el tesoro más preciado que posees en este momento.

Tulo y Jaana nunca habían visto a su maestro en
esa actitud. El chico le tocó el brazo con amabilidad y
le dijo:

—Señor, nosotros ni siquiera hemos pensado en que
usted me ayude a entrar a la universidad. Solo queremos

que tome nuestra estrella para los niños. La universidad ya no me interesa tanto.

Arrol Nobis atrajo a Tulo hacia sí y volvieron a abrazarse. Luego el maestro mantuvo al discípulo frente a sí, con los brazos extendidos y lo miró fijamente a los ojos:

—Tu cara se siente muy caliente y... tus ojos están muy inyectados. ¿Te sientes bien, Tulo?

—Sí... solo estoy muy cansado. ¿Aceptará nuestra estrella, señor?

El maestro sonrió, pero sacudió la cabeza con decisión:

—No, pero te ayudaré con la universidad cuando tú estés dispuesto. En cuanto a la estrella, te sugiero que des tu hermosa luz a la iglesia. En todo Kalvala no hay un sitio más adecuado para ella. Fue la mano de Dios la que dirigió tu cometa hasta la primera estrella... y luego la segunda. Lo que es de Dios, debe volver a Él.

Tulo repitió en voz baja:

—Lo que es de Dios, debe volver a Él.

Arrol Nobis continuó:

—Mis alumnos sobrevivirán, como todos los niños, y trabajaremos horas extra cuando vuelva el sol. Chicos y chicas pueden adaptarse a todo menos a la falta de amor, y seguramente nunca habrá escasez de eso en nuestro pueblo.

Cuando ya estaban sentados de nuevo en su trineo, Tulo miró a su maestro, que se mantenía de pie a la entrada de la escuela, y dijo:

—¡Lo que es de Dios, debe volver a Él!

Arrol Nobis asintió con un movimiento de cabeza y se despidió agitando la mano.

El pastor Bjork estaba solo, sentado en la primera banca de su iglesia. Una pequeña vela ardía sobre el altar.

—Niños queridos, qué gusto verlos. He estado aquí pidiendo perdón a Dios tanto rato, que temo haber perdido toda noción del tiempo.

Jaana se mostró extrañada:

—¿Perdón . . . para usted?

—Oh sí —repuso el prelado con tristeza—. Yo dejé que mis intereses personales, mezquinos, me cegaran y no me permitieran ver las cosas que he predicado y vivido siempre. Después de compartir casi todas mis velas y combustible con los necesitados, como Dios esperaba que lo hiciera, perdí la confianza de que nuestra iglesia pudiera sobrevivir a este breve momento de oscuridad, cuando en realidad ha sobrevivido a la amenaza de las tinieblas de siglos. Fui a rogarles que me dieran su estrella, cuando tantos otros la necesitan mucho más que yo. ¡Qué persona tan indigna y egoísta me he vuelto en mi senectud! ¡Oh Dios, líbrame de ese hombre perverso que soy yo!

Los dos chicos empezaron a retroceder temblorosos, dispuesto a salir de la iglesia, sin dar tiempo al pastor Bjork de preguntarles a qué habían venido.

También el doctor Malni rechazó la estrella. Precisamente esa mañana —les explicó— el alcalde le había entregado una pequeña provisión de combustible que mantendería encendidas sus lámparas y estufa por lo menos una semana. Dio las gracias más cordiales a los niños y les prometió que jamás olvidaría su generosa oferta. Añadió que, aunque sentía poca compasión por LaVeeg y sus métodos, ciertamente podían decirse muchas cosas sobre la importancia de la tienda para la aldea.

—Señor LaVeeg —anunció Tulo, cuando al fin se puso de pie ante el dueño, que estaba detrás de la caja registradora—: hemos resuelto dejar que tenga nuestra estrella para su tienda. Puede conservarla aquí hasta que vuelva el sol.

LaVeeg empezó a sonreír nerviosamente por la alegría, hasta que un ataque de tos lo hizo doblegarse. Cuando se recuperó, salió de detrás del mostrador y acarició a los dos pequeños en la mejilla.

—¡Qué acierto el de ustedes dos! ¡Qué gran acierto! Y qué lucrativo, podría yo añadir. Mantendré mi palabra, confíen en mí . . . confíen. Nunca se arrepentirán de haber hecho esto.

—Señor —dijo Jaana, dando un salto para llamar la atención del viejo—; Tulo y yo no queremos nada de su dinero. Estamos prestándole la estrella solo para que la gente de la aldea no tenga que venir a hacer sus compras en la oscuridad.

La sonrisa del dueño se desvaneció. Se quedó mirando a Jaana, que se acercó a su hermano.

—¿Qué dicen? ¿Nada de dinero? ¿No quieren nada por la estrella? No entiendo . . . ¿Por qué? ¿Por qué?

Tulo bajó al vista y explicó:

—Nosotros... nosotros queríamos dársela a la escuela.

—Eso hubiera sido un disparate —respondió prontamente LaVeeg—. Nobis no habría podido pagarles nada... ¡absolutamente nada!

—No queríamos nada. El señor Nobis nos dio las gracias, pero nos dijo que la diéramos al pastor Bjork para su iglesia. El pastor estaba apenado por haber siquiera osado pedir la estrella, así que nos fuimos a la clínica.

—¿Y también Malni la rechazó? —gritó con asombro el comerciante—. ¿Y por eso han venido aquí?

LaVeeg se recargó en el mostrador.

—¿Qué tiene esa estrella? ¿Qué es lo que me están ocultando?

—Nada. Es una estrella hermosa.

—Hmmm... no sé... no sé. Tengo muchas ganas de la estrella, pero ¿por qué nadie la quiere? Bjork, Nobis, el doctor... No son gente muy lista, pero tampoco son tontos. Lo cierto es que yo tampoco quiero más problemas aquí. Por cuanto puedo prever, la cosa esa podría explotar... o incendiar este lugar. ¡Podría suceder cualquier cosa! Después de todo, ¿qué sabemos de las estrellas?

—No tanto como ellas saben de nosotros.

—¿Qué cosa, jovencito, qué dijiste?

Tulo clavó los ojos en el cielo raso de la tienda y permaneció en silencio. LaVeeg dio tal golpe al mostrador, en un gesto de impotencia, que hizo saltar el cajón de la vieja caja registradora. Lo cerró de golpe y gritó:

—Sencillamente, no puedo correr riesgos. La cosa esa podría hacerme perder todos los haberes de mi vida. Todo esto podría arder hasta desmoronarse. He cambiado de parecer. No quiero su estrella. ¡Ahora váyanse! ¡Ya me han causado suficientes molestias!

Tulo y Jaana emprendieron el regreso a su cabaña, cantando todo el tiempo. Antes de acostarse se sentaron a la mesa, para tomar un poco de pastel helado con café, y después de deliberar un buen rato, decidieron que tampoco sería justo encerrar a la estrella en su cabaña.

Durante las siete semanas siguientes, compartieron su brillante árbol de las estrellas con todos los aldeanos. Tan pronto como terminó la tormenta, los niños vinieron a jugar al prado. Arrol Nobis dio sus clases junto al árbol, donde se sentía calor. El pastor Bjork celebró los oficios religiosos del domingo allí mismo... hasta LaVeeg estacionó su trineo en las cercanías, lleno de productos envasados y otra clase de provisiones.

Después... un buen día... el peregrino Sol proyectó un pequeño arco de su esfera de oro por encima del horizonte, y Tulo comprendió que había llegado la hora de cumplir el trato con la estrella Lirra.

Devolverla al firmamento no sería difícil, poniéndola en brazos de su robusto cometa roja.

Compartir Credenda con el mundo entero era otra cosa. Sin embargo, después de haber vivido bajo el encanto de sus palabras, día tras día, durante siete semanas, entendió que no había más que una forma de asegurarse el éxito.

Ante todo... debía poner a la gente de Kalvala al tanto del inapreciable tesoro que les había sido entregado por medio de él.

Ellos... a su modo... y a su debido tiempo... acabarían por presentar el don de la estrella... a todo el mundo.

18

Como había sucedido aquel día memorable en que Lirra bajó a la Tierra, al acercarse la hora de su partida el prado estaba lleno, con todas las familias de la aldea. Sin embargo, esta vez se congregaron en grupos silenciosos, sin sonreír, como si estuviesen fuera de la iglesia, en espera de un funeral.

Con ojos nublados por el llanto, Tulo enrolló varios metros de cordel en forma mecánica, y subió poco a poco, por en medio de las ramas, hasta llegar junto a Lirra.

—¡Vamos, jovencito! —musitó ella en tono consolador—. No hay razón para lucir tan triste. ¡Volveremos a vernos!

—¡Ya lo sé! —respondió él con la misma suavidad.

—Tulo, tu aspecto y tu voz me parecen muy extraños . . . como si estuvieras en una especie de trance. ¿Estás seguro de poder realizar este lanzamiento? ¿Estás bien?

—Estoy perfectamente, estrella Lirra. Por favor, no te preocupes.

—Bueno, entonces sonríe... y deja de actuar como si tu mundo estuviera a punto de acabarse.

Tulo asintió con la cabeza e hizo muchos nudos más en la cuerda con la que había envuelto a la estrella. Luego esta preguntó:

—¿Has seguido pensando en un plan para presentar Credenda a los ojos del mundo?

—Confía en mí, estrella Lirra, confía en mí. Ya tengo un plan.

—Confío en ti, hombrecito... ahora más que nunca, después de haber pasado estas semanas juntos. Vine a enseñarte, y en cambio, yo soy la que he aprendido mucho de ti... y de ver actuar a los demás. Akbar tenía razón. Todo lo que los terrícolas necesitan es una luz que los guíe... una estrella de esperanza, como la llamó tu madre en la profecía que te hizo. Bueno... hasta pronto, por ahora. Te amo, hombrecito.

—Yo también te amo, estrella Lirra.

Tulo arrojó a su tío las cuatro puntas separadas del cordel que había usado para envolver a la brillante esfera. Varno las sujetó a la armazón de la cometa. Después, Tulo volvió a acariciar en silencio a la estrella y bajó del árbol.

El chico esperó a que todas las porciones de la cuerda estuvieran bien atadas a la cometa. Luego preguntó:

—Tío Varno, si algo llegara a sucederme a mí, ¿cuidarías de Jaana?

Varno lo miró con una expresión de extrañeza.

—Naturalmente. Tu tía y yo siempre hemos querido que ustedes vinieran a vivir con nosotros, para poder cuidar de ambos. ¿Por qué me haces esa pregunta en un momento como este?

—Es que... me vino la idea...

—Bueno, pues deja de pensar en esas cosas y... ¡adelante con nuestro asunto mientras puedas contar con este viento fuerte!

Tulo avanzó cojeando hacia Jaana, que estaba muy ocupada en desenrollar el cordel del gran carrete. Se inclinó hacia ella, le quitó las manos del montón de cuerda y las puso sobre su propio pecho. Luego preguntó:

—Jaana, ¿tú sabes dónde guardo el gran libro verde?

—Sí. Está en el cajón mayor de tu armario... ¿Por qué?

—¿Me prometes que, si alguna vez me sucede algo, se lo darás al señor Nobis? Él sabrá lo que debe hacer...

—Sí, claro... pero...

Tulo sonrió y le dio un beso en la nariz. Luego se apresuró a volver hasta el gran árbol que ya estaba inclinándose bajo el ímpetu de los tibios vientos de occidente. Estiró la mano para tomar la cuerda y tiró de ella varios metros, de suerte que Varno tuviera suficiente para lanzar la cometa hacia lo alto. Al deslizar la cuerda entre los dedos, observó que había una parte débil, donde las fibras se habían separado un poco. Sacó su cuchillo de caza, hizo dos cortes, dejó caer la cuerda arruinada y con un nudo juntó las puntas sanas. Todo estaba listo.

A una señal del sobrino, Varno levantó la cometa sobre su cabeza, cerciorándose de que las cuerdas que iban del instrumento a la estrella estuvieran fuera de las ramas para sostener la cometa. Luego Tulo hizo otra seña y Varno lanzó la gigantesca cometa a lo alto. El sonido del viento al chocar contra el lienzo rojo fue tan fuerte como el disparo de un rifle. Mientras la multitud lanzaba un gemido, Varno volteó rápidamente la cabeza hacia el árbol, para contemplar a la estrella. Las cuatro cuerdas atadas al globo de plata se restiraron. La cometa se sacudió con violencia, al tirar de la estrella. Por fin, esta se hallaba libre . . . oscilaba como un péndulo de periodo breve, de tonalidades rosadas y argénteas, a medida que seguía elevándose en pos de la cometa escarlata que subía y subía . . . penetrando cada vez más en la oscura luz azul crepuscular . . .

Todos los ojos estaban fijos en la estrella, excepto un par.

Tulo se inclinó y volvió a sacar su cuchillo. Rápidamente se enrolló la cuerda que subía hasta la cometa en torno a la muñeca izquierda, sujetándola bien, luego cortó la cuerda, dejando libre la porción que iba elevándose.

La primera en lanzar un grito fue Jaana.

—¡Tulo, Tulo! ¡Hermano adorado!

174

Corrió hacia su tío y le golpeó el pecho con desesperación.

—¡Tío Varno, deténlo! ¡Sálvalo! ¡Haz algo... por favor!

Varno abrazó a Jaana, oprimiéndola contra su pecho, mientras contemplaba con horror, mezclado de impotencia, a su joven sobrino elevarse hacia el firmamento, siguiendo la estela de su amada estrella y de su cometa.

En muy poco tiempo, todo había desaparecido, incluso la bola resplandeciente, en medio de aquella plácida penumbra. Lo único que quedó a la vista del atónito pueblo de Kalvala fueron las primeras estrellas relucientes de un temprano anochecer de primavera.

ESTA EDICIÓN SE TERMINÓ DE
IMPRIMIR EL 18 DE AGOSTO DE 1997 EN LOS
TALLERES DE DISEÑO EDITORIAL, S.A.
BISMARK Nº 18 COL. MODERNA
03510 MÉXICO, D.F.